O Lado Enganoso do SUICÍDIO

MARK AGAN

Copyright © 2020 MARK AGAN

Todos os direitos reservados. Nenhuma parte dessa publicação pode ser reproduzida, amarzenada , ou transmitida por qualquer meio, seja eletrônico, mecânico, fotocópia, gravado ou outra maneira, sem a devida permissão do autor.

Conheça outros livros do Dr. Mark Agan, visite o site: www.MarkAgan.com

ISBN: 9798578557972

Impresso nos Estados Unidos da América

CONTEÚDO

Nota do Tradutor .... *iv*

Introdução .... *vi*

1 | A Realidade do Suicídio 1

2 | Suicídio e as Redes Sociais 7

3 | Suicídio e a Igreja 12

4 | Suicídio e a Depressão 32

5 | 8 Mentiras do Suicídio 63

6 | Ajuda aos familiares após a tragédia do Suicídio 75

7 | Prevenção ao Suicídio 85

8 | Você tem 100% de Certeza? 105

NOTA DO TRADUTOR

Em Outubro de 2018 minha esposa e eu, juntamente com os nossos 3 filhos menores, fomos para o Alaska para visitar Igrejas que nos ajudam no trabalho missionário na África por 2 semanas.

Aquela viagem que aguardávamos com grande expectativa para estarmos com pessoas que tem nos apoiado no trabalho missionário na África, além de ser uma oportunidade única de contemplar a maravilhosa criação de DEUS, ficou marcada em minha vida de uma maneira diferente.

Sim, conseguimos ver no seu fulgor a "Aurora Boreal" também conhecida como "Aurora Polar," mas isso não foi o episódio mais marcante daquela viagem, ainda que por várias noites estivéssemos buscando a mesma... Nem mesmo ter cruzado o Pólo Norte!

Recordo muito bem aquela noite de 10 de Outubro, uma 4a feira, quando no jantar ouvi que o Pastor da Igreja não estava presente. Ele havia viajado de emergência para o estado de Maine, na ponta leste dos EUA, para estar com seu filho e 2 netos pois sua nora havia cometido suicídio. Ela, esposa de Pastor, filha de Pastor, nora de Pastor, tirou a sua vida de uma forma trágica e no desastre em que colocou seu carro embaixo de um caminhão de 18 rodas, quase ceifou a vida de seu bebê que miraculosamente escapou por conta do impacto tendo sido atirado ao asfalto quase que cem metros de distância.

Ali no Alaska vi de perto quão real é o que o Pastor amigo e parceiro Dr. Mark Agan, bem escreveu nesse livro, que estava sendo lançado naqueles dias, a mentira, a tristeza, "O Lado Enganoso do Suicídio!"

- Reverendo Luiz Roberto Nunes

INTRODUÇÃO

Em Junho de 2018, pessoas ficaram atordoadas com o suicídio de duas celebridades conhecidas nos EUA: a estilista Kate Spade, 55 anos (NT. Produtora de famosas bolsas para mulheres nos EUA) e o Chef norte-americano Anthony Bourdain, 61 anos (NT. Conhecido autor de best sellers e apresentador de programas na Food Netwoork, Travel Channel e CNN). Essas 2 mortes, occoridas entre 3 dias de diferença, trouxeram à tona a grave questão do suicídio, tema que já permeava o noticiário desde o inesperado ato do famoso ator Robin Williams em 2014. O que tornaram essas mortes ainda mais chocantes foi o fato dessas pessoas serem conhecidas celebridades que aparentavam ter tudo que a vida oferece.

Nos dias que se seguiram essas mortes, as notícias e os programas de entrevistas foram permeados com discussões sobre doenças mentais, depressão, prevenção ao suicídio. O mundo estava procurando por respostas. Infelizmente, talvez você nunca tenha ouvido falar sobre suicídio numa mensagem em alguma Igreja.

Mas, felizmente, a Bíblia tem muito a dizer sobre o assunto.

Hesitei em escrever esse livro por receio de que as pessoas pensassem que estou tentando me exaltar como uma espécie de "especialista" em suicídio, o que certamente **não o sou!** Não afirmo ser uma autoridade em suicídio. Há ainda muito que não sei e que preciso aprender. O pouco que sei, aprendi através da experiência pessoal quando uma pessoa próximo cometeu suicídio, além do que tenho tido experimentado como Pastor e Capelão da Polícia na comunidade onde resido (NT A polícia nos pequenos condados nos EUA aceitam voluntários pastores para acompanharem os oficiais nas patrulhas pela cidade. Geralmente um Pastor Capelão dirige fardado com o oficial durante um turno, via de regra, noturno). O restante das informações nesse livro ocorreram através de inúmeras horas de pesquisa e estudo sobre esse assunto.

Então, por que extamente decidi escrever esse livro? Esse livro surgiu como resulado de um sermão que preguei com o mesmo título: "O lado enganoso do suicídio." Recebi uma resposta surpreendente a esse sermão, não apenas de membros da igreja que me disseram que haviam contemplado e até tentado suicídio em algum momento, mas também de pessoas completamente estranhas que ouviram a mensagem e disseram que foram muito ajudados por ela. Veja bem, apesar de eu confessar que não tenho todas as respostas sobre a questão do suicídio, acredito que a Palavra de DEUS tem. Escrevi esse livro porque o suicídio é um problema real, mesmo entre os que professam serem cristãos. Mesmo as assim chamadas boas igrejas que crêem na Bíblia já sentiram a dor súbita do suicídio de um membro. Você nunca sabe quem pode estar lutando nesse momento contra os pensamentos suicidas. O lado enganador do suicídio é que Satanás engana as pessoas fazendo-as acreditar que o suicídio resolverá seus problemas, quando na realidade não resolve. Somente cria mais problemas, principalmente para aqueles que ficam para trás. Suicídio nunca é ou será a resposta!

    Se você já pensou em suicídio, espero que leia este libro e veja que realmente há esperança e ajuda para você!

CAPÍTULO 1

A Realidade do Suicídio

Era uma linda manhã de Quarta-feira e eu estava preparando a Mensagem que planejava pregar naquela noite na Igreja. Minha esposa e duas outras senhoras de nossa Igreja estavam sentadas em um carro no estacionamento de nossa Igreja. Elas estavam esperando uma outra senhora que geralmente fazia visitas com elas todas as semanas. Não era algo incomum que algo acontecesse e, consequentemente, uma das senhoras não pudesse ir. Mas algo estava diferente desta vez. Minha esposa teve uma sensação desagradável de que algo não estava certo. Até hoje, minha esposa diz: "Eu gostaria de ter ouvido aquele pressentimento que tive e teria dirigido até à casa dela e verificar o que estava acontecendo, mas eu não fiz!" É claro que não havia como minha esposa, ou qualquer um de nós, pudéssemos imaginar as notícias terríveis que receberíamos eventualmente naquele dia. Naquela mesma tarde, recebi um telefonema do marido daquela senhora que não veio para a visitação pela manhã. Quando lhe perguntei como estava, ele disse: "Não estou bem. Minha esposa está morta." Eu não pude acreditar no que ouvi. Certamente, isso não poderia ser verdade. Talvez eu o tenha entendido mal. Eu imediatamente perguntei o que tinha acontecido e com uma voz soluçante ele disse: "Ela se matou!"

Foi como se alguém me precisasse levantar do chão quando ouvi aquelas palavras. Ela não era alguém que parecia estar lutando contra a depressão. Não era alguém que parecia estar em desespero quando você olhasse para ela. Ela era uma senhora especial a quem todos na Igreja lhe amavam. Sempre parecendo feliz, gostava da Igreja e de servir ao SENHOR. Se houvesse alguém que eu pensasse que nunca cometeria suicídio, teria sido ela.

Mas essa é a realidade do suicídio; acontece até mesmo com as melhores pessoas. Mesmo os Cristãos não estão imunes aos pensamentos suicídas. Alguns dos maiores servos de DEUS na Bíblia tiveram crises de depressão, medo e ansiedade. Até o Salmista sentiu como se não tivesse muita razão pelo que viver.

Salmo 143:3 - *Pois o inimigo perseguiu a minha alma; castigou a minha alma até ao chão; fez-me habitar nas trevas, como aqueles que há muito morreram.*

Parece que o Salmista estava desesperado quando escreveu este versículo. Não é de se admirar que ele disse no verso 4: "Portanto, meu espírito está sobrecarregado dentro de mim. Meu coração dentro de mim está desolado."

A palavra "desolado" significa devastado e abandonado. Assim se sentia o Salmista: arrasado e abandonado. É nesse ponto que chega uma pessoa suicida - quando sente que está vivendo na escuridão, sentindo-se oprimida e desolada. Uma pessoa suicída é aquela que parou de viver muito antes de morrer. Durante anos, o suicídio foi um assunto tabu. Mesmo hoje, se uma pessoa comete suicídio, geralmente é encoberto simplesmente dizendo que a pessoa "morreu de repente". Mas precisamos abordar o problema crescente do suicídio, se quisermos ajudar aqueles que estão lutando contra uma depressão tão profunda que estão pensando em tirar a própria vida.

O suicídio é a 10ª causa de morte nos EUA em todas as idades. Os homicídios estão em 17º. É a 2ª causa de morte nos jovens entre 15 a 24 anos. Um estudo realizado pelo Centro de Controle de Doenças (CDC) descobriu que a taxa de suicídio entre os adolescentes (15 a 19 anos) atingiu o pico de 40 anos. Apurou que as taxas de suicídio entre as meninas dobraram e aumentou em 30% entre os rapazes. Os antidepressivos se tornaram a 2ª droga de maior consumo nos EUA, perdendo apenas para a medicação de combate ao colesterol. O número de pessoas com diagnóstico de depressão aumenta 30% a cada ano.

"Em que ponto se torna uma crise?" perguntou a Dra. Nadine Kaslow, ex-presidente da Associação de Psicologia Americana. "Suicídio é uma crise de saúde pública quando você olha os números e eles continuam aumentando. Está em toda parte. E sabemos que as taxas são realmente mais altas do que o relatado. Mas os homicídios são o que mais recebem atenção."[1]

As taxas de suicídio têm aumentado em quase todos os estados, de acordo com o último relatório do CDC. Em 2016, cerca de 45.000 Americanos (de 10 anos acima) morreram de suicídio. O suicídio é uma das três primeiras causas de morte que estão em ascensão.[2]

Considere o seguinte: agora há mais de dois suicídios para cada homicídio nos EUA, e os suicídios também superam as mortes por batidas de carros. Em outras palavras, existem cerca de 15.000 assassinatos, 33.000 mortes causadas por acidentes de trânsito e 38.000 suicídios nos EUA anualmente.[3]

Acredito ser seguro dizer que o suicídio é um problema crescente. Na verdade, fiz uma pesquisa no Google por "suicídio" e obtive 297 milhões de resultados!

Mesmo que o suicídio seja uma realidade dura, nunca é o desejo de DEUS que uma pessoa tire a sua própria vida. DEUS tem um plano para a vida que ELE deu a você. ELE não quer que você tolamente tire sua própria vida e morra antes do tempo.

Eclesiastes 7:17 - *Não sejas demasiadamente ímpio, nem sejas louco; por que morrerias antes do teu tempo?*

Notas de Rodapé:

1 Amy Ellis Nutt, *Suicide Rates Rise Sharply across the United States, New Report Shows*, (2018, June 7), www.washingtonpost.com

2 *Suicide Rates Rising Across the US*, (2018, June 7), www.cdc.gov

3 Scott A. Bonn, *The Reality of Suicide: A Growing Epidemic*, (2014, March 21), www.psychologytoday.com

CAPÍTULO 2

Suicídio e as Redes Sociais

Mais e mais evidências estão surgindo de que a internet e as mídias sociais têm um grande impacto no comportamento suicida. Na verdade, estamos vivendo no que alguns chamam de "a era digital" — com os adolescentes em média gastando mais de 6,5 horas diante de uma tela todos os dias.

Com tanto tempo gasto nas redes sociais, não é surpresa que o *"Cyberbullying"* quase se tornou uma epidemia. O conhecido *"Cyberbullying"*, quando direta ou indiretamente ligado ao suicídio, tem recebido a alcunha de "*cyberbullicídio*".[1] Os resultados de uma pesquisa feita com aproximadamente 2.000 crianças do ensino médio indicaram que as vítimas do *cyberbullying* tinha quase que 2 vezes mais probabilidade de tentar o suicídio do que aqueles que não foram. Esses resultados também indicaram que os agressores do *cyberbullying* tiveram 1.5 vezes mais de probabilidade de relatar terem tentado o suicídio do que as crianças que não sejam agressores ou vítimas do *cyberbullying*.[2] Embora o *cyberbullying* não possa ser identificado como único prognóstico para o suicídio entre os adolescentes e jovens, ele pode aumentar o risco de suicídio ampliando os sentimentos de isolamento, instabilidade e falta de esperança para aqueles que possuem fatores emocionais, psicológicos e ambientais pré-existente[3].

Embora seja difícil dizer com precisão quanto dos suicídios entre os jovens estão relacionados à mídia social, é fácil ver como a mídia social está desempenhando um papel muito maior do que antes da existência da internet.

É raro encontrar uma criança que não esteja nas redes sociais. E se uma criança não estiver em nenhum tipo de mídia social, é provável que seu círculo social seja relativamente pequeno (familiares, vizinhos e amigos da escola ou da Igreja). Portanto, eles podem ficar relativamente isolados enquanto estão em casa. Por exemplo, anos atrás, antes de haver *smartphones* e *snapchat*, se um adolescente fosse intimidado, ele poderia ir para a segurança de sua casa e fugir da ameaça. Mas não é assim nos dias de hoje onde o adolescente fica em constante contato um com o outro por causa da rede social. Agora, o bullying funciona 24 horas por dia, 7 dias por semana e os segue onde quer que esteja o *smartphone* mais próximo. Antes, o sino da escola os libertava do agressor porque o agressor não podia ir para casa com eles. Portanto, eles tinham um lugar seguro perto de seus entes queridos para evitá-lo. Mas online, não há campainha da escola. Não há como fugir dos ataques. E se o agressor publicar uma foto embaraçosa da vítima online, ela estará lá para todo o mundo ver...**para sempre!**

Crescer já é difícil o suficiente para as crianças sem adicionar a elas as pressões e os perigos de navegar nas águas infestadas de tubarões das redes sociais e da Internet.

Porém não é apenas o *cyberbullying* que está afetando os adolescentes nas redes sociais, mas também é uma falsa percepção de que a vida de todas as outras pessoas é perfeita e a deles não. Na verdade, quando entrevistada sobre os efeitos que os status do *Facebook* e do *Instagram* têm sobre a autoestima de um adolescente, uma estudante do último ano do ensino médio disse: "Depois de horas navegando pelos perfis do *Instagram*, me sinto pior comigo mesma porque me sinto excluída." Outros confessaram se sentir deprimidos porque suas vidas não correspondiam às vidas "perfeitas" no status que estavam lendo.

As garotas são ainda mais propensas a ficarem deprimidas porque não acham que parecem perfeitas como as outras garotas online, embora não percebam que aquelas fotos "perfeitas" que veem foram compradas e adulteradas para ter a aparência perfeita.

Então você leva em consideração o *Facebook* e o *Twitter*. Quantas "curtidas", "compartilhamentos" ou "seguidores" são necessários para fazer alguém se sentir valioso? Os adolescentes nas redes sociais aprenderam a dura verdade de que seu valor é determinado por um número. Eventualmente, eles começam a comparar seus status online com todos os outros e dizem a si mesmos: "Todo mundo tem mais 'curtidas' do que eu. Por que ninguém gostou do que eu postei? Há algo de errado comigo?"

Embora não possamos dizer que a mídia social faz com que uma pessoa se torne suicida, acredito que a evidência nos diz que pelo menos acrescenta lenha ao fogo!

Notas de Rodapé:

1 Hinduja S, Patchin JW. *Bullying Beyond the Schoolyard: Preventing and Responding to Cyberbullying.* Thousand Oaks, CA: Sage Publications; 2009

2 Hinduja S, Patchin JW. *Bullying, Cyberbullying, and Suicide.* (Arch Suicide Res. 2010;14(3):206–221) [PubMed],

3 Hinduja S, Patchin JW. *High-Tech Cruelty.* Educ Leadersh. (2011;68(5):48–52)

CAPÍTULO 3

Suicídio e a Igreja

De acordo com o Departamento de Saúde e Serviços Humanos, o suicídio é a quarta causa de morte em adultos com idades entre 18-65. Há uma morte por suicídio nos EUA a cada 12 minutos.[1] As mulheres têm mais probabilidade do que os homens de ter pensamentos suicidas e tentam o suicídio três vezes mais que os homens.

A realidade é - o suicídio pode afetar qualquer pessoa, até mesmo pessoas em Igrejas boas e sólidas como a que você pode frequentar. Você ficaria chocado ao descobrir quantas pessoas sentadas no banco da Igreja todos os domingos pensaram em suicídio. Você ficaria ainda mais chocado ao descobrir quantas delas realmente tentaram o suicídio!

O fato de uma estilista multimilionária, como Kate Spade, ter cometido suicídio, nos diz que ter mais dinheiro não é a resposta. O fato de um chef famoso como Anthony Bourdain ter se suicidado nos diz que ter fama não é a resposta.

A depressão é um problema muito sério que a Igreja não pode mais ignorar. Mesmo pelos números mais conservadores que existem, descobri estimativas de que existem mais de 120 milhões de pessoas em todo o mundo que lutam contra a depressão e a ansiedade. Eles são pais, mães, filhos, filhas, médicos, advogados, professores, socorristas e proprietários de negócios. Em outras palavras, eles são pessoas como você.

Embora a depressão tenha se tornado parte das conversas em nossa sociedade, ela ainda está quase totalmente oculta dentro da Igreja - e isso é um grande problema. Só porque não falamos muito, não significa que acabou. Dez por cento dos adultos americanos sofrem de depressão e mais de 38.000 pessoas morrem por suicídio a cada ano. Muitas pessoas representadas por essas estatísticas estarão sentadas na Igreja no próximo domingo de manhã.[2] Elas são membros da Igreja, adolescentes do grupo de jovens, professores da

Escola Dominical, diáconos e, sim, até pastores e esposas de pastores!

Por exemplo, acabei de ler uma notícia em que a esposa de um pastor do Texas supostamente tirou a própria vida no estacionamento de uma loja de armas, talvez usando a arma que tinha acabado de comprar.

Recentemente esteve nas manchetes uma grande Igreja na Califórnia que ficou chocada ao saber que seu pastor cometeu suicídio após uma longa crise de ansiedade e depressão. Ainda mais surpreendente foi o fato de que ele havia acabado de falar para sua Igreja sobre suas lutas de saúde mental apenas alguns dias antes em seu último sermão.

Com relação ao suicídio entre pastores, o pastor líder da Igreja de Cristo de Orlando, na Florida, Paul Valo, comentou em sua página do Facebook:

"A depressão é real e os pastores não estão isentos ou são defeituosos quando a experimentam. Nesta geração, espera-se que os pastores sejam conhecedores dos negócios, celebridades de pregadores citados no Instagram, totalmente acessíveis, profundamente espirituais, nem muito jovens, nem muito velhos, e se

forem pastores que não correspondem às expectativas de alguém em um determinado momento, eles recebem uma avaliação de duas (em cinco) estrelas no Google. Uau! Reduzimos o ministério para avaliações com estrelas no Google! Deixe-me recomendar que você ore por seu pastor e apoie fielmente sua Igreja! Você provavelmente nunca vai perceber o que os pastores estão passando em particular."

Nós, como Igreja, precisamos parar de desprezar os crentes que lutam emocionalmente como se fossem cristãos de "segunda classe". Devemos lembrar que alguns dos maiores homens da Bíblia lutaram contra o medo, a ansiedade e a depressão, como: Jó, Elias e Jonas. Jó sofreu devido à providência de DEUS, embora fosse considerado "perfeito e íntegro" (Jó 1:1) diante de seu Criador. Elias caiu em desespero porque temeu a ameaça humana e deixou sua posição designada. Separado de DEUS, ele se escondeu em uma caverna longe de sua missão (1 Reis 19:14). Jonas lutou com amargura, ira e desobediência enquanto tentava fugir do SENHOR e recusar a vontade de DEUS (Jonas 4:1-3). No final, ele também pediu a morte.[3]

Maneiras que as Igrejas podem ajudar na Prevenção do Suicídio

O suicídio parece ser um dos últimos tabus da igreja. A maioria de nós fica ansiosa quando alguém fala sobre suicídio. Pedidos de oração por um ente querido hospitalizado por comportamento suicida são quase sussurrados - se é que são falados em voz alta. As pessoas muitas vezes se esquivam daqueles que perderam entes queridos por suicídio porque se sentem desconfortáveis e não sabem o que dizer. E aqueles que desejam orações, muitas vezes não se atrevem a pedir. No entanto, JESUS nos pede para carregarmos os fardos uns dos outros.[4]

Gálatas 6:1-2 – Irmãos, se algum homem for surpreendido em uma falta, vós, que sois espirituais, restaurai o irmão no espírito de mansidão, considereis a vós mesmos para que também não sejais tentados. ²Carregai os fardos uns dos outros para que a lei de CRISTO seja cumprida.

Aqui estão 4 maneiras que a Igreja pode ajudar na prevenção de suicídios:

1. Crie a atmosfera certa na igreja.

Crie um ambiente que permita que as pessoas na Igreja sejam capazes de dizer: "Estou lutando contra a depressão" ou "Tive pensamentos suicidas."

O estigma associado às palavras "depressão" e "suicídio" é tão grande que as pessoas têm medo de procurar ajuda por medo de serem condenadas ao ostracismo pela Igreja. Frequentemente esquecemos que a Igreja deve ser um lugar onde pessoas feridas e quebradas são bem-vindas. Na verdade, eu acredito que uma Igreja sem pessoas quebradas é ela mesma uma Igreja quebrada! Portanto, criar uma atmosfera de carinho onde pessoas feridas possam obter ajuda só pode prevenir um futuro suicídio.

2. Compartilhe do púlpito o que a Bíblia diz sobre depressão e suicídio.

Infelizmente, pessoas que frequentam uma Igreja não percebe que a Bíblia lida até mesmo com as questões mais difíceis da vida. Pode ser de ajuda a uma pessoa que esteja lutando contra a depressão ou pensamentos suicidas saber que a Bíblia oferece ajuda e esperança.

2 Pedro 1: 3 diz que, na Bíblia, Deus nos deu "todas as coisas que dizem respeito à vida e à

piedade..." Em outras palavras, podemos aprender tudo o que precisamos saber sobre como viver a vida e como viver uma vida piedosa lendo a Bíblia. Então, o próximo versículo diz que através da Palavra de DEUS nos foram dadas, "promessas muito grandes e preciosas: para que por elas sejais participantes da natureza divina ..." Quando entramos na Palavra de DEUS e a Palavra de DEUS entra em nós, nos dá esperança porque nos comunica a natureza divina de DEUS que pode nos mudar de dentro para fora!

3. Conscientize a Igreja de que os jovens não são os únicos com maior risco de suicídio.

Embora os jovens estejam em maior risco de suicídio, eles não são os únicos em risco. Outros em maior risco incluem: pessoas com histórico familiar de suicídio, homens em idade de aposentadoria, pessoas lutando contra vícios, pessoas sofrendo pela perda de um ente querido, pessoas que vivem com sintomas de PTSD e pessoas que estão passando por transições traumáticas na vida, como perda de emprego, dificuldades financeiras ou doença.

NT. Post-traumatic stress disorder (Transtorno de estresse pós-traumática é um distúrbio que afeta principalmente ex-combatentes diretos em conflitos armados.)

4. Ensine aos crentes como lidar biblicamente com o sofrer.

Um dos maiores contribuintes para a depressão é o sofrimento; e mais especificamente não saber como lidar com isso biblicamente. Pode ser uma pessoa que está sofrendo devido à perda do emprego ou de um ente querido. Pode ser uma pessoa que está sofrendo de uma doença crônica debilitante que a faz ficar deprimida. Seja qual for o caso, a depressão geralmente resulta de uma falsa crença de que o sofrimento é sempre ruim e que não há propósito para isso. Mas, a Bíblia ensina exatamente o oposto.

Pedro, por exemplo, escreveu sua epístola aos crentes que enfrentavam sofrimento extremo. Mas, em vez de permitir que joguem a "carta da vítima", ele lhes ensinou por que o sofrimento é permitido e como Deus deseja usá-lo em nossas vidas. Aqui estão algumas lições sobre o sofrimento que a Bíblia nos ensina:

Lição #1: Não se assuste com o sofrimento.

Pedro diz que, visto que CRISTO teve que sofrer neste mundo, devemos esperar que o sofrimento também entre em nossas vidas.

1Pedro 4:1 *– Ora como CRISTO padeceu por nós na carne, armai-vos também com o mesmo pensamento...*

Muitos acreditam erroneamente que se algo ruim acontece com eles é porque DEUS não os ama mais. Eles pensam que, enquanto estiverem agindo corretamente, a vida será um "mar de rosas." Eles se esquecem que até um mar de rosas ainda tem seus espinhos! Então, o que Pedro está dizendo é que porque existe um diabo que está lutando contra nós todos os dias de nossas vidas, ele não deveria nos surpreender quando enfrentamos problemas, provações e sofrimento. Na verdade, Pedro continua a dizer no (v.12) do mesmo capítulo: "Amados, não estranheis a ardente prova que vem a vós para vos testar, como se coisa estranha vos acontecesse."

JESUS frequentemente preparou seus discípulos para sofrer e os apóstolos prepararam seus leitores para sofrer - para que estivessem prontos quando chegasse a hora de dar glória a DEUS no sofrimento. No Sermão da Montanha, JESUS diz a seus discípulos:

Mateus 5:10-11 *– Abençoados são os perseguidos por causa da justiça, porque deles é o reino do céu [11]Abençoados sois vós, quando homens vos insultarem e vos* *perseguirem, e falsamente disserem toda espécie de mal contra vós, por minha causa.*

Muito do ensino de JESUS envolveu realmente preparar seus discípulos para sofrer e como eles deveriam responder quando o sofrimento viesse. Então, todos os cristãos precisam ser ensinados que tempos de sofrimento virão com certeza.

Lição #2: Devemos nos alegrar no sofrimento.

No verso 13, Pedro diz: *"Mas* **alegrai-vos***, no fato de serdes participantes dos sofrimentos de CRISTO, para que quando sua glória for revelada, também vos* **regozijeis** *com* **excessiva alegria***."* O apóstolo Paulo chegou a dizer que uma das razões pelas quais podemos nos alegrar no sofrimento é porque nossa aflição e sofrimento podem nos trazer recompensas eternas.

2Coríntios 4:17 – Porque a nossa leve aflição, a qual é momentânea, opera por nós um extraordinário peso eterno de glória;

JESUS disse aos Seus discípulos que eles deveriam se alegrar quando a perseguição e o sofrimento viessem:

Mateus 5:11-12 - Bem-aventurados sois vós, quando vos injuriarem e perseguirem e, por minha causa, disserem toda espécie de mal contra vós. ***Alegrai-vos e sejam imensamente felizes****, porque grande é a vossa recompensa no céu;*

Então, como podemos nos alegrar em meio ao sofrimento? O talentoso expositor D. Martyn Lloyd-Jones nos ajuda a entender o que significa o conceito de alegria no sofrimento:

Por que o cristão deve se alegrar assim [ao enfrentar perseguição], e como é possível para ele fazer isso? Aqui chegamos ao cerne da questão. Obviamente, o cristão não deve se alegrar com o simples fato da perseguição. Isso é sempre algo que deve ser lamentado. No entanto, você descobrirá, ao ler as biografias cristãs, que certos santos enfrentaram essa tentação de forma muito definitiva. Eles se regozijaram arrogantemente em sua perseguição por seu próprio benefício. Bem, esse, certamente, era o espírito dos fariseus, e é algo que nunca deveríamos fazer. Se nos alegrarmos na perseguição em si; se dissermos: "Ah, bem; regozijo-me e estou muito contente por ser muito melhor do que essas outras pessoas, e é por isso que elas me perseguem", imediatamente nos tornamos fariseus. A perseguição é algo que o cristão deve sempre se lamentar; deve ser para ele uma fonte de grande tristeza que homens e mulheres, por causa do pecado e porque são tão dominados por Satanás, se comportem de maneira tão desumana e diabólica. O cristão é, de certo modo, alguém que deve sentir seu coração se partindo pelo efeito do pecado nos outros que os leva a fazer isso. Então, ele nunca se alegra com o fato de a perseguição ser como tal.[5]

Em 1 Pedro, capítulo 4, Pedro não está dizendo que devemos ter uma atitude masoquista em relação ao sofrimento; que devemos desfrutar a dor que recebemos de nosso sofrimento. Não é que nossa alegria esteja ligada à dor ou a dificuldade em si, mas sim às ramificações dela, sabendo que DEUS deseja obter glória dela (1 Pe 1:13) e que ELE está operando tudo (incluindo nosso sofrimento) para o nosso bem.

Romanos 8:28 *– E sabemos que todas as coisas contribuem juntamente para o bem daqueles que amam a DEUS, daqueles que são chamados de acordo com o Seu propósito.*

Podemos nos alegrar em nosso sofrimento quando percebemos que DEUS tem um propósito e um plano para nosso sofrimento.

Margaret Sangster Phippen escreveu que em meados da década de 1950 seu pai, o ministro britânico W.E. Sangster começou a notar algum mal-estar na garganta e uma perna arrastada. Quando foi ao médico, descobriu que tinha uma doença incurável que causava atrofia muscular progressiva. Seus músculos gradualmente enfraqueceriam, sua voz falharia e sua garganta logo se tornaria incapaz de engolir.

Sangster se dedicou ao trabalho em missões domésticas britânicas, imaginando que ainda poderia escrever e teria ainda mais tempo para orar. "Deixe-me continuar na luta, SENHOR", ele implorou. "Não me importo se não puder mais ser um general, mas me dê apenas um regimento para liderar." Ele escreveu artigos e livros e ajudou a organizar grupos de oração em toda a Inglaterra. "Estou apenas no jardim de infância do sofrimento", disse ele às pessoas que tinham pena dele.

Gradualmente, as pernas de Sanger se tornaram inúteis. Sua voz falhou completamente. Mas ele ainda conseguia segurar uma caneta, ainda que trêmulo. Na manhã de Páscoa, poucas semanas antes de morrer, ele escreveu uma carta para sua filha. Nela, ele disse: "É terrível acordar na Páscoa e não ter voz para gritar: 'ELE ressuscitou!' Mas seria ainda mais terrível ter uma voz e não querer gritar."

Sangster havia aprendido o valor de se alegrar mesmo em meio ao sofrimento!

Lição #3: Devemos avaliar nosso sofrimento.

A seguir, Pedro diz que quando o sofrimento entra em nossas vidas, devemos avaliá-lo com base em como estamos vivendo e o que DEUS pode estar tentando fazer em nossas vidas. Em outras palavras, nosso sofrimento foi causado por algum pecado que cometemos ou por causa de uma posição que tomamos pelo SENHOR?

1Pedro 4:14-16 – Se sois censurados pelo nome de CRISTO, felizes sois, porque o ESPÍRITO de glória e de DEUS repousa sobre vós; por eles, ELE é blasfemado, mas por vós, ELE é glorificado ¹⁵Mas que nenhum de vós padeça como homicida, ou como ladrão, ou como malfeitor, ou como o que se entremete em assuntos alheios. ¹⁶Porém, se algum homem padece como cristão, que não se envergonhe, antes glorifique a DEUS nisto.

Pedro está ensinando uma maneira prática de avaliar nosso sofrimento. Se pecarmos, devemos esperar sofrer as consequências de nossas ações. Por outro lado, se estamos sofrendo como Cristãos, em outras palavras, estamos sofrendo por causa de nossa fé, então devemos nos alegrar para que, como resultado de nossa posição, DEUS seja glorificado.

A Igreja pode, e deve, desempenhar um papel ativo na prevenção do suicídio e entender essas verdades sobre o sofrimento irá percorrer um longo caminho para impactar a vida de quem está sofrendo. É uma grande ajuda contra a depressão quando percebemos que DEUS tem uma razão e um plano para qualquer sofrimento que devemos suportar.

Lição #4: O sofrimento nos refina.

Dor e sofrimento sempre trazem à tona nossos pontos fortes e fracos. Portanto, DEUS frequentemente usa o sofrimento para nos refinar e queimar coisas em nossas vidas que não deveriam existir. Ele fez isso com Isaías.

Isaías 48:10 – *Eis que Eu tenho te refinado, mas não como a prata. Eu te tenho provado dentro da fornalha da **aflição**.*

Lição #5: O sofrimento produz crescimento e maturidade.

DEUS muitas vezes usa o sofrimento para nos aperfeiçoar ou amadurecer.

Tiago 1:2-4 – *Meus irmãos, conte toda alegria quando cair em diversas provações; ³Sabendo disto, que a prova da vossa fé opera a paciência. ⁴Que a paciência, no entanto, realize a sua **obra perfeita**, para que sejais perfeitos e completos, sem vos faltar coisa alguma.*

Se nos voltarmos para DEUS em nossa dor, Ele pode usar nosso sofrimento para amadurecer nossa fé. Paulo também nos lembrou dos benefícios para nossa vida espiritual que são acrescentados por meio de nosso sofrimento.

> **Romanos 5:3-5** – *E não somente isto, mas também nos gloriamos nas tribulações; sabendo que a tribulação produz a paciência, ⁴e a paciência a experiência, e a experiência a esperança; ⁵e a esperança não nos envergonha, porque o amor de DEUS está derramado em nossos corações pelo ESPÍRITO SANTO que é dado a nós.*

Lição #6: O sofrimento nos equipa para o ministério.

O sofrimento nos dá compaixão pelos outros que estão sofrendo, permitindo-nos ministrar a eles de maneira mais eficaz.

> **2Coríntios 1:4** – *Que nos conforta em toda a nossa tribulação,* **para que também possamos confortar os que** *estiverem em alguma tribulação, por meio do consolo com o qual nós mesmos, somos confortados por DEUS.*

Stephen Saint disse: "Os sofredores querem ser ministrados por pessoas que sofreram." Por que isso importa? É importante porque as pessoas que sofrem querem que as pessoas que sofreram digam que há esperança. Não importa por qual provação você possa passar, é sempre encorajador ver alguém que passou pela mesma provação e sobreviveu a ela.

Lição #7: Nosso sofrimento nem sempre é exclusivamente para nós.

Às vezes, DEUS usa o sofrimento na vida de uma pessoa como um exemplo para outra. Na verdade, quando Lázaro morreu, JESUS disse aos Seus discípulos:

> *João 11:15* – *E estou contente **por causa de vós**, de que Eu não estivesse ali, para que creiais; no entanto, vamos até ele.*

Agora, a morte de Lázaro certamente O afetou! Mas JESUS também queria que o sofrimento que Lázaro enfrentou fosse um momento de ensino na vida dos Seus discípulos.

Com isso em mente, é muito importante que tenhamos a atitude e o espírito corretos ao passar por uma provação, porque DEUS pode estar tentando usar nossa provação para alcançar alguém que ELE não alcançaria de outra maneira.

Lição #8: Não importa o quão ruim esteja, um dia melhor está chegando!

Que bênção saber que todos os erros um dia serão corrigidos. E Ele vai recompensá-lo pelo seu sofrimento.

2Coríntios 5:10 *– Porque todos devemos comparecer diante do tribunal de CRISTO, para que cada um possa receber as coisas feitas no seu corpo, segundo o que tiver feito, se é bom ou ruim.*

Paulo teve que suportar muito sofrimento e perseguição, mas ele estava confiante de que um dia DEUS o livraria de tudo!

2Timóteo 4:18 *– E o SENHOR me livrará de toda má obra e me preservará para o seu reino celestial: a quem seja glória para todo o sempre. Amém.*

Louvado seja DEUS, por mais que tenhamos que suportar o sofrimento nesta vida, um dia melhor virá quando estaremos em casa com JESUS, para nunca mais sofrer!

Eu creio que se nós, como Pastores, pudéssemos fazer um melhor trabalho em ensinar e pregar sobre a maneira Bíblica de lidar com o sofrimento, isso poderá ajudar muito a prevenir alguém de cometer suicídio no futuro.

Notas de Rodapé

1 SAVE Suicide Awareness, *Suicide Facts*, www.save.org

2 Amy Simpson, *Addressing Depression and Suicide in Your Church*, (2013, April), www.christianitytoday.com

3 Dr. Ab Abercrombie, *A Biblical Response to Mental Illness and Suicide: What Should We Conclude*, (2013, April 9), www.bcinstitute.com

4 Rachael A. Keefe, *10 Urgent Facts Churches Should Know about Suicide Prevention*, (2018, May 30), www.relevantmagazine.com

5 D. Martyn Lloyd-Jones, *Studies in the Sermon on the Mount*, (Vol. 1 of 2 vols. [Grand Rapids: Eerdmans, 1959], 142-43).

CAPÍTULO 4

Suicídio e Depressão

Não há como fazer um estudo exaustivo sobre depressão em apenas um capítulo. Mas por ser uma realidade tão difundida em tantas vidas, eu queria pelo menos abordá-la. É especialmente importante abordar esse tópico, pois muitos que se suicidaram haviam lutado contra a depressão, muitas vezes por anos, antes de tirar a própria vida.

A depressão vem em muitas formas e pode ser resultado de algo físico, emocional, médico ou espiritual. Se você está lutando contra a depressão, meu primeiro conselho seria fazer um exame físico com seu médico. Através de um exame físico o seu médico pode ajudá-lo a descartar qualquer coisa física que pudesse ser a causa de sua depressão. Eu não sou um médico. Portanto, vou lidar apenas com o aspecto espiritual da depressão.

O Que É Depressão?

Lucas 21:34 *– E tomai cuidado por vós mesmos, para que em nenhum momento os vossos corações sejam* ***sobrecarregados*** *com excessos, e embriaguez, e cuidados da vida ...*

A palavra "sobrecarregado" significa estar pesado. JESUS disse que se não tomarmos cuidado, nosso coração pode ficar sobrecarregado com os cuidados desta vida. Todos nós temos fardos normais do dia-a-dia com os quais temos que lidar, tais como: trabalhar, criar nossos filhos, pagar nossas contas, etc. E mesmo esses fardos "normais" às vezes podem nos derrubar. Mas a depressão surge quando permitimos que os cuidados, preocupações, ansiedades e tensões de nossa vida sobrecarreguem nossos corações com peso.

Deixe-me ilustrar assim: o travesseiro em que durmo é um daqueles travesseiros de espuma de memória. Eu gosto demais! Durante a noite, o peso da minha cabeça faz com que o travesseiro fique pressionado ou "comprimido". Mas assim que eu me levanto de manhã, o travesseiro volta ao seu formato original. Ter o peso da minha cabeça no travesseiro durante a noite não é tempo suficiente para fazê-lo perder a forma permanentemente.

Mas suponha que eu tenha deixado um peso pesado naquele travesseiro por 6 meses! Depois de tanto tempo, quando eu removesse o peso, o travesseiro provavelmente permaneceria plano e comprimido com o peso de longo prazo deixado nele. Por quê? Porque essa almofada foi projetada para manter sua forma sob pressão apenas por um curto período de tempo, não por um período de tempo prolongado.

O mesmo se aplica ao coração humano. Quando ele se torna "pressionado" devido às pressões normais da vida cotidiana, seu coração é projetado por DEUS para se recuperar assim que a pressão passar. No entanto, se você vive sob o peso de forte pressão por longos períodos de tempo, sem uma maneira de lidar com isso, seu coração pode entrar em um estado de depressão. Portanto, você poderia dizer que a depressão é o resultado de um peso emocional que deixa o coração pesado.[1]

O apóstolo Paulo usou a palavra grega [*baros*], que significa "pressionado ou oprimido", para descrever o fato de que houve intensa pressão emocional das adversidades que ele e Timóteo suportaram por aqueles que vieram contra eles.

> **2Coríntios 1:8** - *Porque nós não queremos, irmãos, que ignoreis a **dificuldade** [pressão] que nos sobreveio na Ásia, que fomos **oprimidos** [pesado], excessivamente, acima das nossas forças, de tal modo que nos **desesperamos** [estava em desespero] até da vida.*

Paulo disse que o problema que ele enfrentou era um fardo tão pesado para ele que estava "fora de medida, acima das forças". Em outras palavras, era mais do que ele sentia que tinha força natural para suportar. Na verdade, o sofrimento de Paulo era tão intenso que era fatal! Ele literalmente "desesperou até da vida".

Davi também escreveu sobre o desespero e a depressão por que passou e como ansiava por uma maneira de escapar de tudo isso.

Salmo 55:4-8 *– Meu coração está dolorido dentro de mim, e os terrores da morte caíram sobre mim. ⁵O temor e o tremor vieram sobre mim, e o horror me oprimiu. ⁶E eu disse: Ó, se eu tivesse asas como a pomba! Porque então eu voaria para longe e ficaria descansado. ⁷Eis que então eu vaguearia longe, e permaneceria no deserto. Selá. ⁸Eu apressaria minha fuga da tempestade do vento e da tormenta.*

A depressão é quando o coração é pressionado a tal ponto que a pessoa é incapaz de sentir alegria ou felicidade. Se há uma pessoa na Bíblia que pode se relacionar com esse tipo de experiência, é Jó. Jó, que enfrentou mais perda e sofrimento do que qualquer outra pessoa e tudo no mesmo dia, descreveu o sentimento da seguinte maneira:

Jó 24:17 – *Porque a manhã é para eles assim como a sombra da morte; se alguém os reconhecer, eles terão os terrores da sombra da morte.*

Aqueles que sofrem de depressão se sentem presos sob um manto escuro e pesado de tristeza, pesar e desesperança.

Jó 5:14 – *Eles se encontram com as trevas durante o dia, e tateiam ao meio-dia como de noite.*

Jó disse que uma pessoa deprimida tem tanta dificuldade em se orientar durante o dia quanto à noite. A depressão é uma condição que afeta toda a pessoa: corpo, alma e espírito. Muitos que estão deprimidos sentem que este versículo os descreve:

Eclesiastes 5:17 – *E, em todos os seus dias também come em trevas, e tem muita angústia e ira por causa de sua enfermidade.*

A depressão costuma ser a sensação de que sua vida está sendo ofuscada pela escuridão. Mas DEUS quer que confiemos nEle para ser nossa luz!

Salmo 18:28 – *Porque tu acenderás a minha vela; o SENHOR meu DEUS iluminará as minhas trevas.*

A depressão é resultado do pecado?

Embora algumas pessoas acreditem que a resposta é sempre sim, a resposta correta é: às vezes sim e às vezes não. JESUS avisa que o pecado pode nos impactar espiritualmente. Na verdade, em Lucas 21, JESUS nos avisa que o pecado pode nos impedir de esperar a vinda do SENHOR.

Lucas 21:34 – *E tomai cuidado por vós mesmos, para que em nenhum momento os vossos corações sejam sobrecarregados com excesso, e embriaguez, e cuidados da vida, e **aquele dia** vos sobrevenha desprevenidamente.*

Então, quando a depressão **não** é resultado do pecado? Primeiro, a depressão não é o resultado do pecado quando você está sofrendo uma perda normal. Luto pela morte de um ente querido não é resultado do pecado. A Bíblia diz que há um momento na vida em que devemos lamentar a perda.

Eclesiastes 3:1, 4 – *Para cada coisa há um tempo para cada propósito sob o céu: ⁴Um tempo para chorar, e um tempo para rir; um tempo para prantear*

Em segundo lugar, a depressão **não** é o resultado do pecado quando é causada pela deterioração natural do corpo devido ao envelhecimento normal. Nossos corpos foram afetados pela maldição do pecado. Portanto, a química do nosso corpo pode mudar e ficar comprometida. Daí a necessidade de um exame físico.

2Coríntios 4:16 – *Por causa disso, nós não desfalecemos; mas ainda que o nosso homem exterior pereça, contudo o homem interior é renovado dia a dia.*

Então, quando a depressão **é** resultado do pecado? Primeiro, a depressão **é** o resultado do pecado quando você se recusa a se arrepender de um pecado conhecido em sua vida. Quando o pecado não é confessado, pode produzir uma depressão em seu coração como resultado da culpa e vergonha que o pecado produz.

Em segundo lugar, a depressão **é** o resultado do pecado quando você se recusa a tomar as medidas necessárias para obter ajuda. Por exemplo: quando você se recusa a buscar aconselhamento Bíblico, ou ler a Bíblia, ou memorizar as Escrituras, ou obter ajuda médica quando necessário. Não podemos esperar que DEUS faça por nós o que deveríamos fazer por nós mesmos.

Em terceiro lugar, a depressão **é** o resultado do pecado quando você nutre raiva, amargura ou ódio contra alguém, recusando-se a perdoá-lo. Um espírito implacável levará à amargura que, por sua vez, levará à depressão. Quando sabemos o que devemos fazer, mas nos recusamos a fazêlo, torna-se pecado.

Tiago 4:17 - Portanto, aquele que sabe fazer o bem e não o faz, comete pecado.

Em quarto lugar, a depressão **é** o resultado do pecado quando você a usa para manipular os outros. Alguns parecem nunca sair da escuridão de sua depressão, mas é porque eles não querem abrir mão da atenção que sua "condição" recebe dos outros. Quando você usa sua depressão de forma manipuladora, isso é uma forma de orgulho e o orgulho é um pecado.

Em seguida, a depressão **é** o resultado do pecado quando você escolhe culpar a DEUS e aos outros por sua infelicidade, em vez de assumir a responsabilidade por suas próprias ações.

Por último, a depressão **é** o resultado do pecado quando você voluntariamente escolhe viver em pecado. Uma vez que sabemos que estamos escolhendo conscientemente permitir o pecado em nossas vidas, e quanto mais tempo ele permanecer sem ser confessado, mais ele nos afetará, física, emocional e espiritualmente. Se tivermos verdadeira tristeza segundo DEUS por nossos pecados, nos arrependeremos disso. A Bíblia diz que a tristeza segundo DEUS resultará em arrependimento.

> ***2Coríntios 7:10*** *- Porque a tristeza segundo DEUS opera arrependimento para a salvação, da qual ninguém se arrepende; mas a tristeza do mundo opera a morte.*

O que DEUS diz sobre a depressão?

DEUS sabe tudo sobre nós, incluindo nossos pensamentos. Salmo 139: 23 diz, *"Sonda-me, ó DEUS, e conhece o meu coração: prova-me, e conhece os meus pensamentos."* Já que DEUS conhece os nossos pensamentos, Ele não quer que fiquemos ansiosos ou deprimidos. Em vez disso, Ele deseja que vivamos uma vida de paz.

***Filipenses 4:6-7** - Não estejais inquietos por coisa alguma; mas em tudo, pela oração e súplica com ação de graças, sejam as vossas petições conhecidas diante de DEUS. 7E a paz de Deus, que excede todo o entendimento, guardará os vossos corações e as vossas mentes, através de CRISTO JESUS.*

Se alguém tinha o direito de ficar deprimido, era o apóstolo Paulo. A vida de Paulo foi marcada por sofrimento e perseguição desde o momento em que foi salvo. Mas ele fez a escolha de não se deixar abater.

***2Coríntios 4:8-9** - Estamos atribulados por todos os lados, mas não angustiados;*

estamos perplexos, mas não em desespero; ⁹Executado, mas não abando; derrubado, mas não destruído;

Observe as palavras que Paulo usa: "angustiado", "desespero", "abandonado", "destruído." Essas são palavras de desespero, mas, Paulo disse: "Nunca é realmente tão ruim." E a razão pela qual nunca é uma situação desesperadora é porque DEUS nos convida a dar a Ele <u>todos</u> os nossos cuidados!

1Pedro 5:7 *- Lançando sobre Ele todo vosso cuidado, porque Ele cuida de você.*

Quando lançamos nossas preocupações sobre o SENHOR, isso mostra nossa confiança nEle de que Ele é capaz de carregar nossos fardos, ou nos dá a força para carregá-los. Frequentemente, a depressão surge porque **nós** carregamos um grande peso que deveríamos ter dado a ELE! JESUS disse que, uma vez que entregamos nossos cuidados e responsabilidades a Ele, Ele pode trazer paz para nossa alma.

João 14:27 *- Eu deixo-vos a **paz**, a minha **paz** Eu vos dou; não a dou como o* *mundo a dá. Não se turbe o vosso coração, nem fiquem com medo.*

João 16:33 - *Estas coisas Eu vos tenho dito para que em Mim tenhais paz. No mundo tereis tribulações; mas tende bom ânimo; Eu venci o mundo.*

Por que DEUS permite que as pessoas fiquem deprimidas?

Uma das coisas mais surpreendentes sobre a depressão é esta: **DEUS tem um propósito para permitir a depressão**. Veja, tendemos a pensar que quando algo ruim vem em nosso caminho, de alguma forma passou desapercebido por DEUS porque Ele não conseguiu impedir. Mas o oposto é verdadeiro. Satanás não pode trazer nada para nossas vidas sem a aprovação e permissão de DEUS! Portanto, se DEUS permite, Ele também deve ter um propósito para isso. DEUS tem um propósito para tudo que toca sua vida. Lembra do versículo que vimos antes sobre o sofrimento de Paulo?

2Coríntios 1:8 - *Porque nós não queremos, irmãos, que ignoreis a **dificuldade** que nos sobreveio na Ásia,* *que fomos **oprimidos** excessivamente, acima das nossas forças, de tal modo que nos **desesperarmos** até da vida:*

O versículo seguinte diz: "Mas tínhamos a sentença de morte em nós mesmos". Por quê? "Para que não confiássemos em nós mesmos, mas em DEUS que ressuscita os mortos". Em outras palavras, Paulo disse que a razão pela qual DEUS permitiu essas pressões em sua vida foi **para diminuir** sua confiança em si mesmo e **aumentar** sua confiança em DEUS! Portanto, DEUS pode permitir que a depressão aumente sua necessidade dEle e aumente sua dependência dEle; pode abrir seus olhos para o quanto você precisa dEle durante esses momentos.

Lembre-se, assim como as tempestades reabastecem o solo seco e ressecado e dão origem a flores e uma nova vida na primavera, as tempestades em sua vida podem revitalizar seu relacionamento com DEUS e dar à luz um fruto maior do ESPÍRITO em sua vida.

***João 15:2** - Todo ramo em Mim que não dá fruto, Ele tira; e todo ramo que carrega fruto, Ele limpa, para que possa trazer **mais fruto**.*

DEUS pode ter outro motivo para permitir sua depressão. Sua depressão pode ter sido permitida por DEUS para avisá-lo de que algo está errado. Pense nisso como a luz "de alerta" no painel do seu carro. A luz não é o problema; apenas revelou que você tem um possível problema com seu motor. O salmista percebeu que sua aflição era uma luz de "cheque o motor" de DEUS, mostrando que ele havia se extraviado.

Salmo 119:67 - *Antes de ser afligido, eu segui um mau caminho; mas agora tenho guardado a tua palavra.*

Alguns tentam ignorar sua depressão. Outros tentam se automedicar com drogas, álcool ou outras coisas para aliviar os sentimentos (ou falta de sentimentos) que estão experimentando. Mas DEUS pode ter permitido que sua depressão revelasse a você sua fraqueza em uma área específica. O salmista percebeu que sua aflição era um indicador do SENHOR de que ele não guardava a Palavra de DEUS.

Até o apóstolo Paulo percebeu que DEUS tinha um propósito para suas enfermidades; foi para que a graça de DEUS pudesse se manifestar em sua vida.

2Coríntios 12:9 - *E Ele me disse: A minha graça é suficiente para ti, porque a minha força se aperfeiçoa na fraqueza. De boa vontade, pois, me gloriarei nas minhas fraquezas, para que o poder de CRISTO repouse sobre mim.*

Como Encontrar Ajuda

Se você está lutando contra a depressão, deve compreender que não está sozinho. Satanás quer que você pense que é o único cristão que luta contra a depressão. Mas a verdade é que até mesmo alguns grandes líderes cristãos lutaram contra o vale profundo e escuro da depressão.

John Knox, considerado um dos pregadores mais poderosos do início dos anos 1500, lutou contra a depressão. A situação ficou tão ruim que até mesmo este grande homem de DEUS disse: "SENHOR JESUS, receba meu espírito e dê um fim a esta vida miserável."

Adoniram Judson foi o primeiro missionário estrangeiro da América. Enquanto sofria de depressão profunda, após a morte de sua esposa Nancy, disse: "DEUS é para mim o Grande Desconhecido. Eu acredito nEle, mas não O encontro."

Abraham Lincoln, que sofreu de depressão durante toda a vida, escreveu uma carta a seu sócio e disse: "Agora sou o homem mais miserável que existe. Se o que sinto fosse distribuído igualmente por toda a família humana, não haveria um rosto alegre na terra. Se algum dia estarei melhor, não sei dizer. Proíbo terrivelmente que não o esteja! Permanecer como sou é impossível. Devo morrer ou ser melhor, me parece."[2]

Satanás quer que você pense, como Paulo, que sua depressão é uma sentença de morte! Ele lhe dirá que não há esperança. Mas enquanto houver um DEUS, haverá esperança! Então, como você pode encontrar esperança quando as coisas parecem tão desesperadoras?

Encontre seu verdadeiro propósito

Frequentemente, a depressão surge quando esquecemos o propósito de DEUS para nossas vidas. Comparamos nossa vida com a vida de outra pessoa e ficamos desanimados e deprimidos porque não parecemos "estar à altura". Começamos dizendo a nós mesmos: "Se eu fosse mais espiritual ou se fosse mais _____, como fulano, minha vida seria tão grande quanto a vida deles". Mas o que você pode não perceber é que a vida de outra pessoa também não é perfeita! É por isso que você vê esses atores e atrizes de Hollywood que parecem ter a vida "perfeita" na tela, mas descobrem que fora da tela suas vidas estão um desastre!

Satanás quer que nos comparemos com outras pessoas, porque assim nunca ficaremos satisfeitos. Mas o objetivo de DEUS para nós não é nos conformar à imagem de outra pessoa. O objetivo de DEUS é nos conformar à imagem de JESUS CRISTO!

*Romanos 8:29 - Para quem Ele conheceu antes, Ele também os predestinou **para serem conformes à imagem de seu Filho**, para que Ele pudesse ser o primogênito dentre muitos irmãos.*

Portanto, você precisa dizer a si mesmo: "O propósito de DEUS para mim não é ficar deprimido e sem esperança. DEUS me tornou único e Seu propósito para mim é ser conformado à imagem de JESUS CRISTO."

> **ORE:** *"Pai, dá-me a graça de me regozijar em minha singularidade e de lembrar que o SENHOR me criou com um propósito único. Portanto, dê-me forças para fazer o que for preciso para ser conformado à imagem de CRISTO."*

Foco na prioridade certa

Quando uma pessoa fica doente, tudo o mais na vida não é mais tão importante. Quando estamos doentes, nossa prioridade passa a ser estar com saúde novamente. Não estamos mais preocupados em lavar o carro, cortar a grama ou as 101 outras coisas que temos que fazer. Não, nossa maior prioridade é melhorar para que possamos voltar à nossa rotina normal.

O mesmo é verdade quando uma pessoa fica deprimida. A depressão é muito afetada pelo modo como pensamos. Portanto, a prioridade de DEUS para nós é "ficarmos bem" mudando nosso pensamento. O apóstolo Paulo disse que nosso pensamento muda quando permitimos que DEUS renove nossas mentes.

Romanos 12:2 - *E não sede conformados com este mundo, mas sede transformados pela renovação da vossa mente, para que experimenteis qual é a boa, agradável e perfeita vontade de DEUS.*

A chave para superar a depressão espiritual é mudar a maneira como você pensa. Se Satanás pode controlar o que você pensa, ele pode controlar o que você faz. Portanto, precisamos de nossas mentes renovadas diariamente.

> * Para um estudo aprofundado da mente e como se proteger dos ataques mentais que você enfrentará de Satanás, consulte meu livro: *"O que você está pensando? Vencendo a Batalha da Sua Mente"* (disponível na Amazon.com com o título original em Inglês *"What are You Thinking? Winning the Battle of Your Mind"*).

Satanás está constantemente bombardeando nossas mentes com pensamentos e padrões de pensamento errados que, se seguidos, podem produzir depressão. Mas a Bíblia nos dá a maneira correta de pensar que nos protegerá da depressão porque renova nossas mentes.

Pensamento errado diz: "Estou deprimido porque a dor e as decepções em minha vida roubaram-me toda a minha alegria. Como resultado, não há esperança para o meu futuro e não posso fazer nada a respeito."

Pensamento correto diz: "Recuso-me a ceder à depressão por causa das minhas circunstâncias. Eu tenho esperança porque CRISTO vive em mim. Portanto, contarei com Ele para renovar minha mente com Sua verdade e renovar meu coração com Sua esperança."

Mais uma vez, vamos voltar a 2 Coríntios 1: 9-10 e ver o novo enfoque de Paulo:

> ***2Coríntios 1:9-10*** *- Mas tínhamos em nós a sentença de morte, para que não confiássemos em nós mesmos, mas em DEUS que ressuscita os mortos:* [10]*O qual nos livrou de tão grande morte e livra; em quem confiamos que ainda nos livrará;*

Porque a depressão frequentemente vem como resultado da desesperança, Paulo se recusou a ficar deprimido porque ele acreditava que não importa o que ele enfrentasse, já que DEUS o havia libertado no passado e o estava livrando no presente, DEUS o livraria no futuro!

Siga o Plano de DEUS

Frequentemente, a depressão surge quando abandonamos o plano de DEUS para o **nosso** plano. Achamos que sabemos o que é melhor para nossas vidas, sem perceber que, porque nossa carne sempre nos afastará de DEUS, ela só nos trará mágoa, dores e sofrimento que podem levar à depressão. É por isso que o plano de DEUS para nós não é apenas satisfatório, é o melhor!

Um dos versículos mais encorajadores em toda a Bíblia é Filipenses 4:13, onde Paulo diz: "Eu posso fazer todas as coisas por meio de CRISTO que me fortalece". Normalmente, esse versículo é citado quando alguém o usa para significar que pode realizar qualquer coisa na vida que deseje, porque acredita que DEUS lhe dará a força para isso.

Mas o que muitos não conseguem perceber é que o contexto deste versículo nada tem a ver com sucesso; tem a ver com sofrimento. Não é falar sobre DEUS dando a você a força para cumprir **seus planos** para sua vida; é falar de DEUS dando a você a força para suportar o sofrimento, se necessário, a fim de cumprir **os planos dEle** para sua vida. Paulo havia sofrido muitas coisas, mas foi por meio de seu sofrimento que DEUS estava operando nele o caráter de que ele precisava para ser mais semelhante a CRISTO. É por isso que ele disse no (v.12): "Eu sei como estar humilhado e sei também como ter abundância; em todo lugar e em todas as coisas, estou instruído, tanto a ter fartura como a ter fome, tanto a ter abundância como a sofrer necessidade."

Paulo sobreviveu à depressão seguindo o plano de DEUS e esse plano é ficar contente com o lugar onde DEUS o colocou na vida. Paulo disse no (v.11): "...por que aprendi, em qualquer estado que estou, com isso ser contente." Quando você acredita que DEUS o ama e o tem onde quer, então você pode ficar contente, sabendo que está vivendo o propósito de DEUS para sua vida.

8 etapas para derrotar a depressão

Em 1 Tessalonicenses 5, DEUS nos dá os passos para encontrar esperança quando as coisas parecem sem esperança. É a chave para renovar sua mente por meio da Palavra de DEUS, que trará luz às suas trevas e trará paz em sua tempestade.

1Tessalonicenses 5:16-24 - *Regozijai-vos sempre. ¹⁷Orai sem cessar. ¹⁸Em todas as coisas dai graças, porque esta é a vontade de DEUS em CRISTO JESUS para convosco. ¹⁹Não apagueis o ESPÍRITO. ²⁰Não desprezeis as profecias. ²¹Examinai todas as coisas, retende o que é bom. ²²Abstende-vos de toda aparência do mal. ²³E o mesmo DEUS de paz vos santifique completamente; e oro a DEUS que todo o vosso espírito, e alma, e corpo sejam preservados irrepreensíveis para a vinda de nosso SENHOR JESUS CRISTO. ²⁴Fiel é o que vos chama, o qual também o fará.*

Vamos examinar cada versículo desta passagem para ver os passos exatos que Deus deseja que demos quando começarmos a nos sentir deprimidos.

PASSO #1: Regozijar no SENHOR.

(v.16) "Regozijai-vos sempre."

A depressão surge quando nos concentramos em todas as coisas negativas de nossa vida. Em vez disso, concentre-se e regozije-se com as muitas bênçãos em sua vida. Para fazer isso, escreva. Faça uma lista de todos os aspectos positivos de sua vida e medite sobre eles. Talvez liste cada um em um cartão 3x5 separado. Todos os dias, escolha um cartão diferente e mantenha-o com você ou prenda-o em algum lugar bem visível, onde você o verá ao longo do dia. Isso é o que DEUS disse a Israel para fazer a fim de ensinar a seus filhos a Sua Palavra.

> ***Deuteronômio 6:7-8*** *- E as ensinarás diligentemente a teus filhos, e falarás delas quando te sentares em tua casa, e quando andares pelo caminho, e quando te deitares, e quando te levantares. ⁸ E as levarás atadas como sinal em tua mão, e elas serão como testeiras* **entre os teus olhos.**

D. Martyn Lloyd-Jones disse: "Cristãos infelizes são, para dizer o mínimo, uma recomendação pobre para a fé cristã. Um cristão deprimido é uma contradição em termos".[3] Portanto, o primeiro passo para derrotar a depressão é manter sua mente mais focada em suas bênçãos do que em seus fardos.

PASSO #2: Mantenha uma vida de oração consistente.

(v.17) *"Orai sem cessar."*

Outra maneira de derrotar a depressão é aprender a falar com DEUS sobre tudo. A depressão geralmente surge quando pensamos em nossos problemas em vez de levá-los à única pessoa que pode fazer algo a respeito - JESUS! Aqui está uma ótima oração.

> **ORE:** *"Pai, embora eu me sinta fraco, tanto emocional quanto mentalmente, agora, ajude-me a aceitar minha fraqueza como um presente. Lembre-me de que minha fraqueza permite que o SENHOR trabalhe através de mim e que Sua graça será suficiente para mim (2Co 12: 9). Neste momento difícil, oro para que Tu amplies meu coração para que eu possa amar e obedecer a Ti, e mostrar Seu amor aos outros mais profundamente como resultado (Salmo 119: 32; Gálatas 6: 2; 2 Coríntios 1: 3-4) Amém."*

PASSO #3: Mantenha um coração grato.

(v.18a) "Em todas as coisas dai graças..."

Escolha agradecer em tudo. Por quê? Porque mostra sua confiança em Deus (Rom. 8:28). Aqui está uma grande oração de ação de graças para orar quando você está deprimido:

> **ORE:** *"Pai, obrigado por nunca mudar, mesmo quando tudo ao meu redor está mudando e é imprevisível (Heb 13:8). Obrigado por Ser estável, mesmo quando me sinto muito instável (Isaías 33:6). Satanás está atacando minha mente, mas sei que Sua Palavra ensina que posso superar seus ataques pois ela diz: 'maior é aquele que está em mim do que aquele que está no mundo' (1João 4:4). Peço-te que sejas a minha força e o meu escudo, porque em Ti confio (Salmo 28:7).*
>
> *Obrigado por compreender o que estou passando (Heb 4:15), e obrigado porque Tua Palavra me diz que até mesmo Teu Filho passou por momentos difíceis emocionalmente e, como resultado, Ele é tocado com o sentimento de minhas*

> *enfermidades (Heb 4:15). Obrigado porque esta luta que estou enfrentando é um lembrete amoroso de como sou fraco e que preciso ficar perto do SENHOR.*
>
> *Oro para que o SENHOR use este momento difícil para fazer com que eu me aprofunde em meu relacionamento contigo, que obtenhas a glória por tudo o que é produzido em mim. Amém"*

Passo #4: Seja sensível ao ESPÍRITO.

(v.19) "Não apagueis o ESPÍRITO."

Seja sensível a qualquer coisa que possa apagar a obra do ESPÍRITO SANTO em sua vida. Mude tudo o que o ESPÍRITO de DEUS o convence a mudar. Se o seu coração se tornou "pressionado" como um travesseiro de espuma, e se a pressão permanecer, saiba que DEUS se oferece para substituir o seu coração pesado por um novo coração e um novo espírito.

__Ezequiel 36:26__ - Um novo coração também vos darei, e um novo espírito Eu colocarei dentro de vós, e Eu tirarei o *coração de pedra da vossa carne, e vos darei um coração de carne.*

Passo #5: Dê a Prioridade à Palavra de DEUS.

(v.20) "Não desprezeis as profecias."

Profetizar aqui se refere à proclamação da mensagem de DEUS. Em outras palavras, seja lendo a Bíblia ou ouvindo sua pregação, ficar perto da Palavra de DEUS ajudará a derrotar a depressão em sua vida.

Outra ferramenta importante para derrotar os ataques de Satanás contra você, mentalmente, é meditar nas Escrituras.

* Para aprender dicas práticas sobre como meditar efetivamente na Palavra de Deus, veja meu livro: **"O Poder de Meditar nas Escrituras"** (disponível na Amazon .com com o título original *"The Power of Meditating on Scripture"*).

Passo #6: Não dê espaço a Satanás.

(v.21) "... retende o que é bom."

Se você der a Satanás um centímetro, ele percorrerá um quilômetro! Quanto mais você se detém nas coisas negativas em sua vida, mais oportunidade você dá para Satanás construir uma fortaleza em sua vida. Portanto, é imperativo que "retenhamos o que é bom" e não abramos mão de qualquer terreno em nossas vidas para Satanás. Nunca dê espaço a Satanás.

Passo #7: Evite pessoas, lugares ou coisas que Satanás possa usar para deprimir ou derrotar você espiritualmente.

(v.22) "Abstende-vos de toda aparência do mal."

Todos nós temos áreas em nossas vidas nas quais somos fracos e tendemos a ceder ao pecado. Quanto mais você anda perto de pessoas, lugares ou coisas que o tentam, mais difícil será obter vitória sobre o seu pecado. Portanto, o melhor curso de ação é evitar não apenas o mal, mas até mesmo a "aparência" do mal.

Passo #8: Lembre-se da Fidelidade de DEUS.

(v.24) "Fiel é O que vos chama, O qual também o fará."

Você não está sozinho nesta batalha; DEUS está com você! A depressão geralmente surge quando começamos a pensar que a vida é opressora demais e que não há esperança. Mas enquanto houver DEUS, haverá esperança! DEUS prometeu que será fiel a você e "não Te deixarei, nem Te desampararei" (Heb 13: 5).

Satanás é um mestre do engano. Ele gostaria que você vivesse sob a nuvem escura da depressão e acreditasse que a vida não vale a pena ser vivida. Ele quer que você acredite que o melhor curso de ação é tirar a própria vida. Mas DEUS é maior do que seus problemas; Ele é a luz que pode vencer suas trevas e é a esperança que pode banir seu desespero.

Notas de Rodapé:

1 June Hunt, *Depression: Walking from Darkness into the Dawn* (WORDsearch, 2017)

2 Dale Carnegie, *Little Known Facts About Well Known People* (New York: Blue Ribbon Books, Inc., 1934), 163.

3 D. Martyn Lloyd-Jones, *Spiritual Depression* (Grand Rapids: Eerdmans, 1965), 5, 11.

CAPÍTULO 5

8 Mentiras do Suicídio

Uma agonia que uma pessoa suicida enfrenta é que muitas vezes luta internamente para se matar. Uma pessoa suicida não quer necessariamente se matar; ele só quer que a dor pare, mas acha que o suicídio pode ser sua única opção.

A coisa mais trágica quando as pessoas tiram a própria vida é que é um ato desnecessário. Costuma-se dizer que o suicídio é uma solução permanente para um problema temporário. Satanás deseja que a pessoa deprimida viva sem esperança até que veja o suicídio como uma saída. A Bíblia diz que Satanás é um mentiroso. Na verdade, João 8:44 diz: "não há verdade nele. Quando ele fala mentira, fala do que lhe é próprio; porque é um mentiroso, e pai dela." Como Satanás é um mentiroso, ele contará mentiras a uma pessoa deprimida na esperança de que ela se torne suicida. Existem oito mentiras nas quais Satanás tenta fazer uma pessoa deprimida e suicida acreditar.

> **Mentira #1:** *"Eles ficarão melhores sem mim."*

Essa mentira diz que estamos fazendo um favor a todos ao deixar este mundo. Como se todos superassem a tragédia rapidamente e a vida fosse mais feliz sem nós lá. Mas não importa o que possamos pensar, o suicídio deixa um impacto devastador em todos que ficam para trás.

A **verdade** é: se você deixasse esta terra, especialmente por suas próprias mãos, você criaria um buraco neste mundo e nos corações dos seus entes queridos que nunca mais seria preenchido. Você criaria uma dor dentro daqueles que ama que duraria o resto de suas vidas. Você pode estar se sentindo um fracasso agora, mas não posso imaginar um erro maior do que seu último ato na terra ser aquele que causa dor intensa para cada pessoa que você ama.

Pior ainda, deixará seus entes queridos com a possibilidade de se tornarem magoados e zangados com você e com DEUS. Também pode fazer com que vivam sob uma falsa culpa, imaginando o que poderiam ter feito de diferente.

Mentira #2: *"Ninguém se importa comigo."*

Essa mentira diz que estamos sozinhos; que ninguém se importa; que somos os estranhos. A **verdade** é: nunca estamos sozinhos. Mesmo em meio à nossa solidão e desespero, DEUS nos lembra que Ele está ali. Ele nos diz que Ele é "um amigo mais íntimo do que um irmão" (Pv 18:24). E se isso não bastasse, Ele nos diz em Hebreus 13: 5 "Eu nunca te deixarei, nem te desampararei."

Mentira #3: *"Eu não posso mais enfrentar essa dor. É demais!"*

Essa mentira diz que não podemos continuar; que a vida é muito difícil de enfrentar. No entanto a **verdade** diz que o poder do ESPÍRITO SANTO dentro de nós nos dá a força para enfrentar a cada dia.

1Coríntios 10:13 - *Não vos tem sobrevindo tentação que não seja comum aos homens; mas DEUS é fiel, o qual não permitirá que sejais tentados acima do que sois capazes; mas também com a tentação fará um caminho para escapar, para que sejam capazes de suportá-la.*

Alguns dizem erroneamente: "DEUS nunca nos dará mais do que podemos suportar." Mas isso não é verdade. DEUS permitirá que tenhamos fardos pesados demais para que possamos carregar sozinhos. Ele simplesmente nunca permitirá que tenhamos um fardo muito pesado para ELE! Veja, se DEUS apenas nos permitisse enfrentar as provações que **nós** poderíamos suportar, nós mesmos, nunca veríamos nossa necessidade dEle. Portanto, Ele permite que enfrentemos provações que são demais para nós, para que Lhe levemos nossos fardos.

Se você está vivendo sob o peso de um fardo muito pesado para você suportar - pode ser um sinal de que está tentando carregá-lo sozinho!

DEUS nunca pretendeu que você carregasse seus fardos sozinho.

> **Isaías 41:10** - *Não temas tu, porque Eu estou contigo. Não estejas aterrorizado, porque Eu sou Teu DEUS. Eu Te fortalecerei. Sim, Eu Te ajudarei. Sim, Eu Te susterei com a mão direita da minha justiça.*

Mentira #4: "Não há esperança."

Essa mentira diz que toda esperança se foi; diz que a vida aparentemente acabou. Mas a **verdade** diz que sempre há esperança. A esperança nunca deve ser baseada em nós - em quão bons somos ou em nossas circunstâncias. A esperança é baseada apenas em DEUS e em Seu caráter, porque Ele é Aquele que nunca falha.

> **Salmo 42:5** - *Por que estás tu abatida, ó minha alma? e por que estás tu inquieta dentro de mim? Espera em DEUS, pois ainda O louvarei pelo socorro do Seu semblante.*

Quando uma pessoa diz: "Não há esperança", ela tirou DEUS da equação. DEUS é esperança!

Então, enquanto Ele está na equação, sempre há esperança.

Romanos 15:13 - *Ora o* **DEUS de esperança** *vos encha de todo o gozo e paz em crença, para que abundeis em esperança pela virtude do Espírito Santo.*

Mentira #5: *"Eu estraguei tudo. Minha vida acabou de qualquer maneira."*

Essa mentira diz que bagunçamos tanto que podemos muito bem acabar com tudo. É uma mentira porque diz que nossos erros são grandes demais para serem perdoados. Diz que DEUS não é grande o suficiente para perdoar esse erro.

Mas a **verdade** diz que nada é muito difícil para DEUS! DEUS não apenas **pode** perdoar, mas está **pronto** para perdoar! A Bíblia diz que Ele tem muita misericórdia para distribuir para todos que quiserem.

Salmo 86:5 - *Pois tu, SENHOR, és bom, e pronto a perdoar; e abundante em misericórdia para todos aqueles que clamam a Ti.*

Salmo 86:15 - *Mas tu, ó SENHOR, és um DEUS cheio de compaixão, e gracioso, longânimo e abundante em misericórdia e verdade.*

Salmo 103:8 - *O SENHOR é **misericordioso** e gracioso, tardio em irar-se e abundante em **misericórdia**.*

Mentira #6: *"Eu devo estar doente mentalmente para pensar desta forma."*

O estado mental de uma pessoa pode ser afetado por muitas coisas diferentes, como: uma doença prolongada, um desequilíbrio químico, medicação, falta de descanso adequado, etc. Mas apenas ter a ideia de suicídio não significa que a pessoa está mentalmente doente. Querer morrer não significa que você está mentalmente doente - significa apenas que você permitiu que suas circunstâncias se tornassem maiores do que seu DEUS.

Mentira #7: *"Eu não devo ser Cristão, ou não ficaria tão deprimido."*

Isso é uma mentira! Como já vimos anteriormente neste livro, alguns dos maiores Cristãos de toda a Bíblia lutaram contra a depressão a ponto de querer tirar a própria vida. Como mencionado anteriormente, Elias, um dos maiores profetas do Antigo Testamento, queria morrer.

Em 1 Reis 19: 3-4, está escrito Elias "...se levantou, e foi para escapar com vida...e pediu por si para que pudesse morrer; e disse: Basta! Agora, Ó SENHOR, tira a minha vida..." A diferença é que Elias pediu a DEUS para tirar sua vida. Ele nunca tentou tirar **sua própria** vida.

Quando o profeta Jeremias foi atormentado e teve sua vida ameaçada, ele ficou em tal desespero que amaldiçoou o dia em que nasceu (Jr 20:14-18)!

J. Oswald Sanders disse: "Não é de se admirar que os dois homens que conversaram com JESUS no Monte da Transfiguração quebraram sob a pressão de seu ministério e oraram para que morressem."[1] Quando tiramos nossos olhos de JESUS, nossos problemas podem se tornar tão grandes que parecem impossíveis de superar.

Sim, muitos homens bons e piedosos da Bíblia lutaram sob a mesma nuvem escura e profunda da depressão e pensamentos de acabar com suas vidas. Mas, apesar de sua luta, cada um foi escolhido a dedo por DEUS para ser usado de maneiras únicas e extraordinárias. Que grande encorajamento isso deveria ser para nós!

É uma surpresa para alguns que Charles Spurgeon teve uma batalha ao longo da vida contra a depressão. Sua reputação como um pregador famoso e poderoso, seu humor alegre e sua masculinidade de fumar charuto podem nos levar a imaginar que nunca poderia haver uma fenda em sua armadura de inglês vitoriano. No entanto, a vida de Spurgeon foi cheia de dor física e mental.

Aos vinte e dois anos e pastor de uma grande igreja e com bebês gêmeos em casa para cuidar, ele estava pregando para milhares no Surrey Gardens Music Hall quando brincalhões gritaram "fogo", causando um pânico ao sair do prédio que matou sete e deixou vinte e oito gravemente feridos. Sua mente nunca mais foi a mesma. Sua esposa, Susannah, escreveu: "A angústia de meu amado era tão profunda e violenta que a razão parecia vacilar em sua mente, e às vezes temíamos que ele nunca mais pregasse."[2]

Então, a partir dos trinta e três anos, a dor física tornou-se uma característica grande e constante de vida para ele. Ele sofria de uma inflamação renal, com queimação chamada doença de Bright (NT, termo antigo para se referir ao médico e cientista Richard Bright que descreveu pela 1ª vez a inflamação do rim, ou Nefrite, também associada a Insuficiência Renal Crónica), bem como gota, reumatismo e neurite. A dor foi tanta que logo o impediu de pregar um terço do tempo. Somado a isso, o excesso de trabalho, o estresse e sentimento de culpa pelo estresse começaram a cobrar seu preço. E tudo isso veio aos olhos do público e foi perturbado por seus muitos críticos, não tornando mais fácil de suportar.

O sofrimento, eles argumentaram de forma bastante previsível, foi "um julgamento de DEUS." A dor, a política, a oposição e o excesso de trabalho (bem como luto, como o de seu jovem neto) o afetaram profundamente. Tanto que hoje ele quase certamente seria diagnosticado como clinicamente deprimido e tratado com medicamentos e terapia. A depressão podia atingi-lo tão intensamente que ele disse uma vez: "Eu poderia dizer como Jó: 'Minha alma escolha o estrangulamento, e a morte ao invés da minha vida' (Jó 7:15). Eu poderia prontamente ter colocado mãos violentas sobre mim mesmo, para escapar da minha miséria de espírito."[3]

Mentira #8: *"Suicídio vai mandar uma pessoa para o inferno."*

Não se engane, nem JESUS, nem a Bíblia toleram o suicídio. Não tivemos voz na decisão de quando deveríamos nascer, e não cabe a nós decidir quando deveremos morrer. A Bíblia vê o suicídio como igual ao assassinato, que é o que é - suicídio. DEUS é o único que tem o direito de decidir quando e como uma pessoa deve morrer. O salmista disse: "Meus tempos estão na tua mão" (Salmos 31:15).

O suicídio, o ato de tirar a própria vida, é pecaminoso porque rejeita o dom da vida de DEUS. Nenhum homem ou mulher deve presumir assumir a autoridade de DEUS sobre si mesmo para acabar com sua própria vida. Então, de acordo com a Bíblia, o suicídio é um pecado, **mas não é um pecado tão grande que possa desfazer a Salvação!**

Em nenhum lugar da Bíblia indica que o ato de suicídio, não importa o quão trágico isso seja, é um pecado imperdoável. A Bíblia é clara, que nada pode separar um filho de DEUS do amor de DEUS.

Romanos 8:38-39 - *Porque eu estou convencido de que nem a morte, nem a vida, nem os anjos, nem os principados, nem as potestades, nem as coisas do presente, nem as coisas porvir, [39]Nem a altura, nem a profundidade, nem qualquer outra criatura será capaz de nos separar do amor de DEUS, que está em JESUS CRISTO nosso SENHOR.*

Mas este versículo é na verdade um encorajamento **contra** o suicídio também! O próprio fato de nunca estarmos separados do amor de DEUS, nos mostra que sempre há esperança! Isso significa que não importa o que aconteça, o amor, a misericórdia e o perdão de DEUS estão sempre disponíveis para aqueles que O procuram.

Notas de Rodapé:

1 J. Oswald Sanders, *A Spiritual Clinic* (Chicago: Moody Press, 1958), 113

2 Charles Ray, *"The Life of Susannah Spurgeon,"* in Morning Devotions by Susannah Spurgeon: Free Grace and Dying Love (Edinburgh: Banner of Truth, 2006), 166.

3 C. H. Spurgeon, *The Metropolitan Tabernacle Pulpit Sermons*, 63 vols. (London: Passmore & Alabaster, 1855–1917), vol. 36, 200.

CAPÍTULO 6

Ajuda aos Familiares após a Tragédia do Suicídio

A vida perguntou à morte: "Por que as pessoas me amam, mas te odeiam?" A morte respondeu: "Porque você é uma bela mentira e eu sou uma verdade dolorosa."

Há um elemento de verdade na citação acima. Quando um ente querido morre por suicídio, os amigos e familiares deixados para trás muitas vezes questionam se conheciam a pessoa que perderam tão bem como pensavam que conheciam. A citação acima compara a vida a uma "bela mentira" porque é assim que a vida da pessoa é frequentemente percebida após o suicídio. Como essa pessoa que amamos tanto pode sentir que a vida é tão desesperadora que a única opção é o suicídio? No entanto, talvez a vida deles fosse "uma bela mentira" que eles queriam desesperadamente que acreditássemos. Muitas vezes, o mais difícil é ter que aceitar a "dolorosa verdade" que acompanha sua morte; o fato de que havia mais coisas acontecendo em suas vidas do que jamais imaginamos.

Talvez você esteja lendo isso e esteja vivendo o resultado de um amigo ou ente querido que tirou a própria vida. Você está procurando respostas para perguntas como: "Por que eles fizeram isso?" "Por que eles não me disseram que estavam lutando tanto?" "Por que não vi os sinais de alerta?" e até mesmo: "Eu poderia ter feito algo para impedir que isso acontecesse?" Como posso saber se essas são as perguntas que você se fez? Porque essas são as mesmas perguntas que minha esposa e eu nos perguntamos centenas de vezes depois que uma amiga nossa tirou a própria vida.

Essas e milhares de outras perguntas paralisarão sua mente enquanto você se recupera da trágica decisão tomada por seu ente querido. Mas eu tenho boas notícias para você, há ajuda após um suicídio.

Existe ajuda para aqueles que são atormentados por um suicídio.

Existem duas maneiras pelas quais o suicídio de um ente querido pode atormentar os sobreviventes:

Primeiro, eles são atormentados com RAIVA. Com um homicídio, a morte de um ente querido ainda é trágica, mas a família pode pelo menos direcionar sua raiva para o perpetrador. Quando eles podem colocar um rosto e um nome em quem matou seu ente querido, isso lhes dá um alvo para direcionar sua raiva.

Mas com um suicídio, eles ficam com uma raiva que só pode ser dirigida a seu ente querido. Eles os amam, mas estão com raiva dele e a pior parte é que eles não podem nem falar com ele sobre isso. Eles estão com raiva porque podem nunca saber a resposta à pergunta de um milhão de dólares: "Por quê?"

Em segundo lugar, eles são atormentados com CULPA. A família e os amigos de uma vítima de suicídio muitas vezes vivem com culpa, culpando-se por não ter previsto isso. "Se eu soubesse da depressão que ele estava lutando" ou "Se eu tivesse visto os sinais de alerta, talvez eu pudesse ter evitado" são declarações que entes queridos costumam fazer após um suicídio. Se você tem sido atormentado por esses pensamentos, há ajuda para você! Você não é culpado pelas ações de outra pessoa, e DEUS não quer que você viva sob um falso fardo de culpa que você nunca deveria carregar.

João 8:32 - *E conhecereis a verdade, e a verdade vos libertará.*

Se você não soubesse que seu ente querido tiraria a própria vida, não havia nada que pudesse ter feito para evitá-lo. Portanto, não foi sua culpa. Essa verdade, por si só, deve ser suficiente para libertá-lo da falsa culpa sob a qual você tem vivido.

Cuidado! Se você teve um ente querido que cometeu suicídio, você deve estar em guarda, porque Satanás usará a ação trágica realizada por seu ente querido (como resultado da depressão

dele ou dela) para fazer **você** agora a ficar deprimido! Se Satanás pode fazer com que você se condene, então você nunca será capaz de aproveitar a vida e, portanto, começará uma batalha contra a depressão por conta própria. Sim, há uma vitória após um suicídio. Há vitória quando você aprende a entregar sua mágoa, dor, raiva, amargura e falsa culpa totalmente a DEUS!

Existe ajuda para aqueles que são tentados ao suicídio.

Como já disse várias vezes no livro, muitas pessoas boas na Bíblia sentiram profundo desespero e foram tentadas a pôr fim à sua própria vida.

- Salomão, em sua busca pelo prazer, chegou ao ponto em que "odiava a vida" (Eclesiastes 2:17).
- Elias estava deprimido e pediu a morte (1 Reis 19: 4).
- Jonas estava com tanta raiva de Deus que desejou morrer (Jonas 4: 8).
- O rei Davi compartilhou sua luta contra a depressão no livro de Salmos.

Salmo 6:2,3, 6 - *Tem misericórdia de mim, Ó SENHOR, porque sou fraco; Ó SENHOR, sara me porque os meus ossos estão perturbados. ³Minha alma também dolorosamente perturbada; mas tu, Ó SENHOR, por quanto tempo? ⁶Estou cansado do meu gemido, toda a noite faço a minha cama nadar; molho o meu leito com as minhas lágrimas.*

- Até mesmo o apóstolo Paulo e seus companheiros missionários, a certa altura, disseram que "fomos oprimidos... acima das nossas forças, de tal forma que nos desesperamos até da vida" (2Cor. 1: 8).

Como muitos outros, eles sabiam o que era sentir que as circunstâncias eram tão ruins que eles não queriam continuar vivendo. No entanto, nenhum desses homens cometeu suicídio. Em vez de tirar a própria vida, Davi conseguiu superar a depressão, o medo e a ansiedade. Então, como o salmista fez isso? Como ele conseguiu obter a vitória sobre essa luta mental e emocional em sua vida? E, mais importante, como **você** pode obter a vitória se você é um Cristão que luta contra a depressão e até mesmo contra pensamentos suicidas? Vejamos o que o salmista fez no Salmo 143 para obter a resposta:

Davi disse, "Livra-me."

Salmo 143:9 - *Livra-me, Ó SENHOR, dos meus inimigos; fujo para ti para me esconder.*

Davi conseguiu vencer seu medo, ansiedade e depressão porque se voltou para DEUS, e não para o suicídio, em busca de uma saída. Infelizmente, muitos recorrem ao álcool, drogas, sexo ou qualquer outra coisa, na esperança de que isso os livrará da dor que estão sentindo. Mas essas coisas **não** vão tirar a dor; eles apenas mascaram a dor temporariamente. E quando os efeitos passam, você fica com a dor original novamente, **mais** os efeitos físicos prejudiciais e a culpa que eles deixaram para trás. O único lugar para encontrar a verdadeira libertação é na Palavra de DEUS (João 8:32).

Davi disse, "Ensina-me."

Salmo 143:10 - *Ensina-me a fazer a tua vontade, pois Tu és o meu DEUS. O Teu*

ESPÍRITO é bom; guie-me para a terra da retidão.

Normalmente, a depressão surge quando os problemas de uma pessoa se tornam tão grandes que é tudo o que ela pode ver. Sua mente se concentra tanto nas coisas negativas da vida que é tudo que ela pode focar. E quanto mais você se detém em algo, maior se torna em sua mente.

Para Davi sair da nuvem escura da depressão, ele teve que mudar sua maneira de pensar e mudar seu foco. Ele orou: "Ensina-me a fazer a tua vontade." A depressão passou quando ele voltou a se concentrar na vontade de DEUS para sua vida.

DEUS tem um propósito e um plano especial para sua vida. E, quer você perceba ou não, às vezes os problemas que você enfrenta fazem parte desse plano. Satanás, por outro lado, não quer que você faça a vontade de DEUS porque isso atrapalhará sua obra no mundo. A vontade de Satanás para a sua vida é que você fique tão deprimido a ponto de tirar sua própria vida e, portanto, não pode cumprir o propósito e plano que DEUS tem para você.

Davi disse, "Vivifica-Me."

Salmo 143:11 - *Vivifica-me, Ó SENHOR, por causa do teu nome; por causa da tua justiça, traz a minha alma para fora da tribulação.*

A palavra "vivifica-me" significa reviver; para recuperar, ou para fazer vivo. Satanás promete vida, mas só traz morte. Só JESUS pode dar a verdadeira vida! Paulo disse: "Para mim, o viver é CRISTO..." (Fp 1:21).

As estatísticas nos dizem que, enquanto eu escrevia este capítulo, possivelmente quatro ou mais pessoas tentaram o suicídio e uma pode ter conseguido (**NT** *Na semana que o livro foi traduzido ocorreram 2 casos no pequeno país que residimos, Cabo Verde!*) Este mundo pode ser um lugar escuro e para qualquer um de nós, a vida pode ficar difícil. De uma coisa podemos ter certeza, o inimigo não quer nada mais do que destruir absolutamente nossas vidas. JESUS disse: "O ladrão não vem senão para roubar, matar e destruir" (João 10:10). E se Satanás pode fazer com que você **contemple** o suicídio ou **começar** um ato de suicídio, então você está fazendo o trabalho dele por ele.

Mas a última parte desse versículo é onde podemos encontrar esperança e força que é maior do que nós. JESUS continuou dizendo: "Eu vim para que tenham vida e a tenham em abundância". CRISTO veio para nos dar uma vida plena, gratuita e abundante. Ele veio para trazer esperança e cura. Se você está lutando, hoje, pensando que a vida é muito opressora...**corra para JESUS!**

Salmo 61:2 - Do fim da terra eu clamarei a Ti, quando o meu coração estiver oprimido; guia-me para a rocha que é mais alto do que eu.

Na verdade, é por isso que JESUS veio a esta Terra para começar; Ele veio para morrer pelo próprio pecado que está oprimindo você! Ele veio para perdoá-lo e capacitá-lo para ter vitória sobre o pecado e para capacitá-lo a viver uma vida plena!

CAPÍTULO 7

Prevenção ao Suicídio

Uma pessoa suicida pode não pedir ajuda a você, mas isso não significa que ela não queira ajuda. As pessoas que tiram a própria vida não querem necessariamente morrer - elas apenas querem que a dor pare.

A prevenção do suicídio começa reconhecendo os sinais de alerta e levando-os a sério. Se você acha que um amigo ou membro da família está pensando em suicídio, falar abertamente sobre pensamentos e sentimentos suicidas pode salvar suas vidas.

Antes de examinar algumas maneiras específicas de ajudar a prevenir o suicídio, vejamos alguns mitos comuns sobre o suicídio.

Mitos comuns sobre suicídio

Mito #1: Pessoas que falam sobre suicídio realmente não o farão.

Fato: Quase todas as pessoas que tentam suicídio costumam dar alguma pista ou aviso. Às vezes, pode ser por meio de referências indiretas à morte ou suicídio. Declarações como "Você vai se arrepender quando eu for embora" ou "Não consigo ver nenhuma saída" devem ser levadas a sério, não importa o quão casualmente possam ser ditas.

Mito #2: Quem pensa em suicídio deve ser louco.

Fato: A maioria das pessoas suicidas não é psicótica ou louca. Elas podem estar sobrecarregados de tristeza ou podem estar sofrendo de uma depressão profunda, mas isso não é o mesmo que ser insano ou louco.

Mito #3: Se uma pessoa está determinada a cometer suicídio, nada vai impedi-la.

Fato: Mesmo a pessoa mais profundamente deprimida costuma ter sentimentos confusos em relação à morte. Embora não vejam outra saída, muitas vezes oscilam entre o desejo de viver e o de morrer, até o último momento. Novamente, a maioria das pessoas suicidas não desejam morrer; elas só querem que a dor pare.

Mito #4: Falar sobre suicídio pode dar a ideia a alguém.

Fato: Falar sobre suicídio não lhes dá a ideia. O oposto é verdadeiro - trazer à tona o assunto do suicídio e discuti-lo abertamente é uma das coisas mais úteis que você pode fazer.

Sinais de alerta de suicídio

Os sinais de alerta de suicídio são indicadores de que uma pessoa pode estar em perigo e precisar de ajuda urgente. O suicídio não tem uma causa única. Certos fatores como abuso de substâncias e depressão não tratada podem levar a um risco maior de suicídio, assim como ter um grupo de amigos de confiança pode ajudar a protegê-lo. Alguns dos sinais de alerta incluem:

- *Falar sobre querer morrer ou se matar*
- *Procurando uma maneira de se matar*
- *Falar sobre se sentir sem esperança ou sem propósito*
- *Falar sobre se sentir preso ou com uma dor insuportável*
- *Falar sobre ser um fardo para os outros*
- *Aumentar o uso de álcool ou drogas*
- *Agindo ansioso, agitado ou imprudente*
- *Dormir muito pouco ou muito*
- *Retrair-se ou sentir-se isolado*
- *Mostrando raiva ou falando sobre buscar vingança*
- *Exibindo oscilações extremas de humor*[1]

Lembre-se: oito em cada dez pessoas que consideram o suicídio dão algum sinal de suas intenções.[2] Pessoas que falam sobre suicídio, ameaçam suicídio ou ligam para centros de crise suicida têm 30 vezes mais probabilidade do que a média de se suicidar.[3]

Quem tem maior probabilidade de cometer suicídio?

As taxas de suicídio são mais altas em adolescentes, adultos jovens e idosos. Pessoas com mais de 65 anos têm a maior taxa de suicídio. Embora as mulheres tenham maior probabilidade de tentar o suicídio, os homens têm maior probabilidade de sucesso. O risco de suicídio também é maior nos seguintes grupos:

- *Idosos que perderam o cônjuge por morte ou divórcio*
- *Pessoas que já tentaram suicídio no passado*
- *Pessoas com histórico familiar de suicídio*
- *Pessoas com um amigo ou colega de trabalho que cometeu suicídio*
- *Pessoas com histórico de abuso físico, emocional ou sexual*
- *Pessoas que não são casadas, não são qualificadas ou estão desempregadas*
- *Pessoas com dor de longa duração ou uma doença incapacitante ou terminal*

- *Pessoas inclinadas a comportamentos violentos ou impulsivos*
- *Pessoas que tiveram alta recente de uma hospitalização psiquiátrica, o que geralmente é um período de transição muito assustador.*
- *Pessoas em certas profissões, como policiais e profissionais de saúde que trabalham com pacientes terminais*
- *Pessoas com problemas de abuso de substâncias*[4]

O Suicídio Pode Ser Prevenido?

Em muitos casos, o suicídio pode ser evitado. A pesquisa sugere que a melhor forma de prevenir o suicídio é conhecer os fatores de risco, estar alerta aos sinais de depressão, reconhecer os sinais de alerta para o suicídio e intervir antes que a pessoa possa completar o processo de autodestruição. Pessoas que recebem apoio de amigos e familiares atenciosos e que têm acesso a serviços de saúde mental têm menos probabilidade de agir de acordo com seus impulsos suicidas do que aquelas que estão isoladas de fontes de assistência e apoio.

As pessoas começam a pensar em suicídio quando se sentem desesperadas e sozinhas em sua luta. Elas não veem uma saída. Dizer a elas que não estão sozinhas - e realmente é verdade isso - tem grande valor para quem contempla suicidar-se. Elas precisam desesperadamente de alguém para cuidar delas.

Se alguém que você conhece está exibindo sinais de suicídio, não tenha medo de perguntar se ele ou ela está deprimido ou pensando em suicídio. Em alguns casos, a pessoa só precisa saber que alguém se importa e está procurando uma chance de falar sobre seus sentimentos. Você pode então encorajar a pessoa a procurar ajuda profissional.[5]

O que devo fazer se alguém que conheço está falando sobre cometer suicídio?

Se alguém que você conhece está ameaçando suicídio, leve a ameaça a sério.

- *Não deixe a pessoa sozinha. Se possível, peça ajuda a amigos ou outros membros da família.*
- *Peça à pessoa para lhe dar todas as armas que ela possa ter. Retire objetos pontiagudos*

ou qualquer outra coisa que a pessoa possa usar para se machucar.

- Tente manter a pessoa o mais calma possível.
- Ligue para o 911 ou leve a pessoa a um pronto socorro. (NT: Número das Emergências nos EUA)

NT: Abaixo telefones de Apoio nos países:

Brasil
CVV - Disque 188
www.cvv.org.br

Cabo Verde
Associação Batista Caboverdiana
+238 595 0003 (WhatsApp)
email: abccaboverde@hotmail.com

Associação A Ponte
www.aponte.cv
+238 261 9852

Portugal
www.adcl.org.pt

Linha Jovem - 800 208 020
Das 9 às 18 horas

Linha LUA
Telef.: 800 208 448 (Das 20h00 e as 02h00)
website: www.ua.pt/sas/lua

Linha SOS Bullying
Telef.: 808 962 006 [2ª a 6ª f. das 11-12h30 e das 18h30-20h]
e-mail: bulialuno@anprofessores.pt

SOS Estudante – 96 955 45 45 ou 808 200 204 (das 20h à 1h, chamada local)

Telefone da amizade – 228 323 535
Das 16h às 23h

S.O.S. Adolescente - 800 202 484

Conversa Amiga – 808 237 327
Diário das 15h às 22h

Linha SOS Palavra Amiga - 232 42 42 82
Todos os dias, das 21 à 01 horas

Se você detectar sinais de suicídio em alguém de quem gosta, pode se perguntar se é uma boa ideia dizer alguma coisa. E se você estiver errado? E se a pessoa ficar com raiva? Em tais situações, é natural sentir-se desconfortável ou com medo. Mas quem fala sobre suicídio ou mostra outros sinais de alerta precisa de ajuda imediata - quanto mais cedo melhor.

Falar com um amigo ou familiar sobre seus pensamentos e sentimentos suicidas pode ser extremamente difícil para qualquer pessoa. Mas se você não tiver certeza se alguém é suicida, a melhor maneira de descobrir é perguntando. Tal pergunta não fará uma pessoa suicida pois está mostrando que você se importa com ela! Na verdade, dar a uma pessoa suicida a oportunidade de expressar seus sentimentos pode proporcionar alívio da solidão e dos sentimentos negativos reprimidos, e pode realmente prevenir uma tentativa de suicídio.[6]

Embora pareça contraintuitivo, a coisa mais importante a fazer é perguntar à pessoa se ela está pensando em tirar a própria vida. Faça isso de uma maneira não ameaçadora e sem confrontação, para tornar o mais fácil possível falar abertamente sobre seus pensamentos e sentimentos. Você poderia dizer algo como: "Vejo que você está sofrendo profundamente. Eu sinto muito e realmente quero ajudar. Já está ruim o suficiente que você esteja pensando em tirar sua própria vida?" Em vez de plantar pensamentos suicidas em suas mentes, isso pode permitir que a pessoa suicida admita e procure ajuda profissional. Isso é vital e urgente se eles disserem que chegaram ao estágio de fazer um plano.[7]

Maneiras de iniciar uma conversa sobre suicídio:

- *"Tenho me preocupado com você ultimamente."*

- *"Você parece muito deprimido ultimamente - como está lidando com isso? Você está recebendo ajuda?"*

- *"Recentemente, notei algumas diferenças em você e me perguntei como você está indo."*

- *"Eu queria conversar com você porque você não parece o mesmo ultimamente."*

- *"Você parece um pouco deprimido ultimamente. Podemos conversar sobre isso?"*

Então, se você suspeita, mesmo que minimamente, que a pessoa pode ser suicida, faça a pergunta diretamente: "Pessoas que se sentem assim às vezes pensam em suicídio. Você tem pensamentos suicidas?"

Perguntas de acompanhamento que você pode fazer:

- *"Quando você começou a se sentir assim?"*
- *"Aconteceu algo que o fez começar a se sentir assim?"*
- *"Qual é a melhor forma de apoiá-lo agora?"*
- *"Já pensou em obter ajuda?"*

Coisas úteis a dizer:

- *"Fico triste em ver você sofrendo assim."*
- *"Você não está sozinho nisso. Estou aqui para ajudá-lo."*
- *"Posso não ser capaz de entender exatamente como você se sente, mas me importo com você e quero ajudar."*

Às vezes, a melhor coisa é não dizer nada. A simples presença de alguém com quem eles se sentem seguros pode fazer uma grande diferença. Apenas estar lá pode ser uma grande ajuda.

O que fazer ao falar com uma pessoa suicida:

- *Seja você mesmo. Deixe a pessoa saber que você se importa e que ela não está sozinha.*

- *Ouça. Deixe a pessoa suicida descarregar o desespero ou descarregar a raiva. Por mais negativa que pareça a conversa, o fato de ela existir é um sinal positivo.*

- *Seja simpático, não julgue, seja paciente, seja calmo e compreensivo. Seu amigo ou parente está fazendo a coisa certa ao falar sobre seus sentimentos.*

- *Ofereça esperança. Tranquilize a pessoa que a ajuda está disponível e que os sentimentos suicidas são temporários. Deixe a pessoa saber que sua vida é importante para você.*

- *Leve a pessoa a sério. Se a pessoa disser coisas como: "Estou tão deprimido que não consigo continuar", faça a pergunta: "Você está tendo pensamentos suicidas?" Você não está colocando ideias na cabeça delas, está mostrando que está preocupado, que as leva a sério e que não há problema em compartilharem suas dores com você.*

O que não fazer ao falar com uma pessoa suicida:

- *Não diga coisas como: "Não é tão ruim", "Você tem muito pelo que viver", "Seu suicídio vai prejudicar sua família" ou "Olhe pelo lado bom".*

- *Não fique chocado, dê um sermão ou diga simplesmente: "Supere isso".*
- *Não prometa confidencialidade. Recuse-se a jurar segredo. Uma vida está em jogo e você pode precisar falar com um profissional ou com as autoridades para manter a pessoa suicida segura. Se você prometer manter suas discussões em segredo, pode ter que quebrar sua palavra.*
- *Não ofereça maneiras de resolver seus problemas, nem dê conselhos, nem faça com que eles sintam que precisam justificar seus sentimentos suicidas.*
- *Não minimize sua dor. Não se trata de quão grave é o problema, mas do quanto está machucando seu amigo ou ente querido.*
- *Não se culpe. Você não pode "consertar" a depressão de alguém. A felicidade do seu ente querido, ou a falta dela, não é sua responsabilidade*[8]

Avaliando o Perigo Imediato

Se um amigo ou familiar lhe disser que está pensando em morte ou suicídio, é importante avaliar o perigo imediato em que a pessoa se encontra. Aqueles com maior risco de suicídio em um futuro próximo têm um ***plano*** específico de suicídio, os ***meios*** para realizar o plano, um ***tempo definido*** para fazê-lo e um ***desejo*** de fazê-lo. Portanto, as seguintes perguntas podem ajudá-lo a avaliar o risco imediato de suicídio:

- *Você tem um plano de suicídio?* ***(Plano)***
- *Você tem o que precisa para realizar seu plano (pílulas, arma, etc.)?* ***(Meios)***
- *Você sabe quando faria isso?* ***(Tempo definido)***
- *Você pretende tirar sua própria vida?* ***(Desejo)***

Nível de risco de suicídio

Baixo – Alguns pensamentos suicidas. Nenhum plano de suicídio. Diz que não vai tentar o suicídio.

Moderado – Pensamentos suicidas. Plano vago que não é muito letal. Diz que não vai tentar o suicídio.

Alto – Pensamentos suicidas. Plano específico altamente letal. Diz que não vai tentar o suicídio.

Severo – Pensamentos suicidas. Plano específico altamente letal. Diz que vai tentar o suicídio.

Recursos de prevenção ao suicídio

NT: Consulte o número listado anteriormente para Brasil e Cabo Verde. Um recurso, nos EUA, é o **National Suicide Prevention Lifeline: 1-800-273-8255**.

Outro recurso é o The Crisis Text Line, que também ajuda as pessoas por meio de mensagens de texto ao vivo com um especialista treinado: Envie a mensagem *"HOME"* para 741-741. O site deles é: www.crisistextline.org

Se uma tentativa de suicídio parecer iminente, ligue para o 911 (*EUA*) 193 (*Brasil*) 132 (*CV*) 112 (*PT*) ou leve a pessoa a um pronto-socorro. Remova armas, drogas, facas e outros objetos potencialmente letais das proximidades, mas

não, em nenhuma circunstância, **deixe uma pessoa suicida sozinha**.

Ajuda além da prevenção

Faça tudo ao seu alcance para obter a ajuda de que uma pessoa suicida precisa. Prevenir o suicídio é o primeiro passo, mas além disso eles precisam de ajuda contínua para evitar que o mesmo ciclo de depressão e padrões de pensamento suicida aconteçam novamente.

Eles precisarão de ajuda Física. Incentive mudanças positivas no estilo de vida, como uma dieta saudável, dormir bastante e sair ao sol ou na natureza por pelo menos 30 minutos todos os dias. O exercício também é extremamente importante, pois libera endorfinas, alivia o estresse e promove o bem-estar emocional.

Eles precisarão de ajuda Espiritual. Conforme declarado em um capítulo anterior, o melhor curso de ação para prevenir a depressão e pensamentos suicidas no futuro é fazer com que se reorientem o plano de DEUS e o propósito de suas vidas. Uma das melhores coisas a fazer é envolvê-los em um ministério da igreja ou algum tipo de serviço comunitário. Fazer com que eles se concentrem em interagir com os outros os impedirá de se concentrarem apenas em seus problemas.

Frequentemente, aqueles que estão vivendo em depressão não têm alegria e paz em suas vidas. Em outras palavras, isso afeta sua mente. Felizmente, a Palavra de DEUS nos dá a cura para isso. Quando um pessoa está caminhando segundo o ESPÍRITO, a Bíblia diz que produzirá frutos de alegria e paz novamente em sua vida. Gálatas 5:22 afirma que "... o fruto do ESPÍRITO é amor, alegria, paz ..." Quanto mais pensamos nas coisas certas, mais paz DEUS nos dá.

*Filipenses 4:8-9 - Quanto ao mais, irmãos, tudo o que é verdadeiro, tudo o que é honesto, tudo o que é justo, tudo o que é puro, tudo o que é amável, tudo o que é de boa fama, se há alguma virtude, e se há algum louvor, nisso pensai. ⁹Estas coisas que aprendestes, e recebestes, e ouvistes, e vistes em mim, isso fazei; e o DEUS **de paz** será convosco.*

DEUS não só nos dará paz, mas também nos dará uma mente sã quando O seguirmos.

2Timóteo 1:7 - *Pois DEUS não nos deu espírito de temor; mas de poder, e de amor, e de uma **mente sã**.*

A chave é ter nossas mentes renovadas por DEUS, diariamente. Não podemos esperar ficar pensando nas coisas negativas da vida o dia todo e ainda ter alegria, paz e uma mente sã. É somente quando vamos a DEUS e aprendemos Seus caminhos que nossas mentes são renovadas.

Romanos 12:2 - *E não sede conformados com este mundo, mas sede transformados pela renovação da vossa mente, para que experimenteis qual seja a boa, agradável e perfeita vontade de DEUS.*

Uma das melhores maneiras de ajudar seu amigo ou ente querido durante a depressão é continuar a apoiá-lo por um longo período. Mesmo depois de passada a crise suicida imediata, mantenha contato com a pessoa, por telefone, mensagens ou passando para visitá-la periodicamente. Seu apoio é vital para garantir que essa pessoa permaneça no caminho da recuperação.

Estabeleça alguma forma de responsabilidade na qual ela saiba que você estará verificando seu progresso. Além disso, certifique-se de que ela esteja numa igreja aprendendo a Palavra de DEUS fielmente. Quanto mais ela estiver sob a pregação e instrução da Palavra de DEUS, mais DEUS pode falar ao seu coração e manter sua mente focada naquilo que é certo.

Notas de Rodapé:

1 *Warning Signs of Suicide*, www.save.org

2 Hollaway, K. J. (2007). *New Research on Epilepsy and Behavior*. New York: Nova Science

3 Golden, R. N., & Peterson, F. L., *The Truth about Illness and Disease*, (2010), New York: Facts on File

4 *Recognizing Suicidal Behavior*, www.cleveland clinic.org

5 *Recognizing Suicidal Behavior*, www.cleveland clinic.org

6 *Suicide Prevention*, www.helpguide.org

7 David Murray, *7 Questions about Suicide and Christians*, (2013, April 3), www.headhearthand.org

8 Source: www.metanoia.org

CAPÍTULO 8

Você tem 100% de certeza?

Talvez você tenha começado a ler este livro porque deseja colocar sua vida nos trilhos. Você anseia por paz em sua vida. A boa notícia é que a Bíblia diz que podemos ter "a paz de DEUS, que excede todo o entendimento" (Filipenses 4:7). Mas a única maneira de obtermos essa paz é permitindo que DEUS controle nossas vidas. E a única maneira pela qual Ele pode controlar nossas vidas é colocando nossa confiança nEle como nosso único Salvador. A vida eterna é algo melhor do que uma garantia vitalícia, porque vai além desta vida. Você tem 100% de certeza de que, quando morrer, irá para o Céu?

"Não tenho certeza. Como faço isso?" você pergunta! Esta é uma questão muito boa, permita-me explicar:

1. Reconheça que você é um pecador.

Romanos 3:23 diz: "Porque todos pecaram e destituídos estão da glória de DEUS". Comparados a outros pecadores, podemos não parecer tão ruins, mas DEUS não nos compara a outros pecadores, Ele nos compara consigo mesmo, e comparado com Ele, a melhor pessoa do mundo está com problemas! Não é apenas pelo que fazemos, mas por quem somos. Nossos corações são pecadores.

Romanos 5:12 – Portanto, como por um homem o pecado entrou no mundo, e pelo pecado a morte; assim também a morte passou a todos os homens, porque todos pecaram:

Eclesiastes 7:20 — não há um homem justo sobre a terra, que faça o bem, e não peque.

A Bíblia diz que, por sermos pecadores, violamos a lei de DEUS e teremos que comparecer diante dEle no Dia do Juízo para prestar contas de nós mesmos...

Se você morresse agora e ficasse diante de DEUS, seria considerado inocente ou culpado? Você iria para o céu ou inferno? Não há meio-termo!

2. Perceba que há uma pena para o pecado.

Romanos 6:23 diz: "O salário do pecado é a morte..." Recebemos nosso salário no dia do pagamento, mas a Bíblia diz que o pecado também tem um dia de pagamento que necessita ser pago. Algumas pessoas pensam que podem ter seus pecados pagos ao se filiarem a uma Igreja, sendo batizadas ou sendo uma pessoa de boa moral. Mas a Bíblia não diz que o salário do pecado, o pagamento é ser membro de uma Igreja ou mesmo ser uma boa pessoa. A Bíblia diz claro: "O salário do pecado é a morte". De acordo com a Palavra de DEUS, a única maneira de pagar por meu pecado, e a única maneira de você pagar por seu pecado é morrer e passar a eternidade no Inferno.

Bem, isso não é uma notícia muito boa, não é? Então, deixe-me contar a você a boa notícia: não podemos ganhar por mérito próprio a vida eterna porque é um presente grátis, de graça, sem nenhum custo para você!

> **Romanos 6:23** – *Porque o salário do pecado é a morte,* **mas o dom gratuito de DEUS é a vida eterna por JESUS CRISTO nosso Senhor.**

Um presente é sempre gratuito. Você não pode pagar por um presente ou ele não é mais um presente! Se pudéssemos ganhar a salvação por meio de boas obras, isso deixaria de ser um *"presente de DEUS."*

3. Perceba que Jesus morreu para pagar sua pena DO PECADO.

A Bíblia diz em Romanos 5:8 que "DEUS demonstra o Seu amor para conosco, em que sendo nós ainda pecadores, CRISTO morreu por nós". Então, se o salário do pecado é a morte, e JESUS morreu por nós, então Ele pagou o salário do pecado, não foi? Portanto, é um presente gratuito.

A maioria das religiões ensinam que o homem deve fazer uma certa quantidade de boas obras para que, com sorte, as boas obras superem as más. O problema com esse ensino é que simplesmente não está na Bíblia. Repetidamente a Bíblia nos ensina que não podemos trabalhar o suficiente para ganhar a vida eterna.

Tito 3:5 – Não pelas obras de justiça que houvéssemos feito, mas, segundo a sua misericórdia, nos salvou, pela lavagem da regeneração e da renovação do ESPÍRITO SANTO.

Quando JESUS estava morrendo na cruz, as últimas palavras que falou foram "Está consumado:" (João 19:30). O que foi terminado? O plano de redenção de DEUS foi concluído. Agora, você não pode adicionar nada a algo que foi concluído, se o fizer significa que aquilo não foi concluído... Se o homem tem que adicionar pelo menos uma boa obra à redenção de CRISTO, então ela não foi realmente concluída, não é mesmo?

4. Devemos Receber o Presente de DEUS: Vida Eterna.

Devemos responder ao que CRISTO fez na cruz por nós. Devemos receber Seu pagamento por nossos pecados. Quão? Simplesmente confessando com nossa boca o que acreditamos em nosso coração.

Romanos 10:9 – *Se confessares com a tua boca ao SENHOR JESUS, e creres em teu coração que DEUS O ressuscitou dentre os mortos, tu serás salvo.*

Romanos 10:13 – *Porque todo aquele que invocar o Nome do SENHOR será salvo.*

A salvação é tão simples quanto acreditar que JESUS morreu, foi sepultado e ressuscitou para pagar por todos os seu pecado, e então colocar sua fé totalmente e exclusivamente nEle como seu único SENHOR e SALVADOR pessoal.

Se você realmente crê nisso, então invoque o SENHOR JESUS pela fé agora mesmo. Diga a Ele com todo o seu ser, do fundo do seu coração, que você sabe que é um pecador que precisa de um Salvador e deseja Seu perdão, por isso está arrependido dos seus pecados. Diga a JESUS que você confia nEle que morreu e ressuscitou, somente nEle para perdoar seus pecados, entrar no seu coração, salvar a sua alma e levá-lo para o Céu quando morrer!

Eu confiei em Cristo como meu Salvador, O que fazer agora?

Agora que você está salvo, não há nada que você precise fazer para SER um Cristão, mas há algumas coisas que você pode fazer para ser um BOM Cristão.

- Leia sua Bíblia todos os dias
- Ore e fale com o SENHOR todos os dias.
- Assista fielmente a uma Igreja que ensina a Palavra de DEUS com fidelidade.
- Faça uma profissão pública de sua nova fé em JESUS CRISTO.
- Siga o SENHOR JESUS através do Batismo
- Fale aos outros o que JESUS fez por você.

Se você quiser ajuda sobre como começar a crescer em sua nova vida como Cristão, entre em contato comigo e eu lhe enviarei um curso de estudo Bíblico gratuito que o ajudará a começar a

desenvolver sua nova vida em CRISTO. Você pode entrar em contato comigo pelo email: **mark@markagan.com**
NT:
(familianunescaboverde@hotmail.com)

Obrigado por adquirir o meu livro!

Se este livro fosse uma ajuda para você, você consideraria deixar uma resenha honesta sobre este livro na Amazon.com? Basta acessar **www.Amazon.com** e pesquisar "**Mark Agan**". Selecione este livro e deixe um comentário.

Por que uma revisão é importante? As revisões são importantes porque quanto mais avaliações um livro tiver, mais visibilidade ele terá. Boas revisões de livros ajudam outras pessoas a determinar se devem ou não comprar o livro, especialmente se não estiverem familiarizados com o autor.

Desde já, obrigado por deixar uma crítica honesta e por ajudar a garantir que mais livros como esses sejam destacados!

Made in the USA
Coppell, TX
13 February 2026

72023205R00069